HABLEMOS DEL AMOR, UNA VEZ MÁS

ExLibric

MARÍA GARIJO

HABLEMOS DEL AMOR, UNA VEZ MÁS

EXLIBRIC
ANTEQUERA 2024

HABLEMOS DEL AMOR, UNA VEZ MÁS
© María Garijo
© de la imagen de cubiertas e interior: María Garijo
© de la fotografía de la autora: basconSaura.com
Diseño de portada: Dpto. de Diseño Gráfico Exlibric

Iª edición

© ExLibric, 2024.

Editado por: ExLibric
c/ Cueva de Viera, 2, Local 3
Centro Negocios CADI
29200 Antequera (Málaga)
Teléfono: 952 70 60 04
Fax: 952 84 55 03
Correo electrónico: exlibric@exlibric.com
Internet: www.exlibric.com

ISBN: 978-84-10076-72-3
Depósito Legal: MA 1595-2024

Impresión: PODiPrint
Impreso en Andalucía – España

Nota de la editorial: ExLibric pertenece a Innovación y Cualificación S. L.

MARÍA GARIJO

HABLEMOS DEL AMOR, UNA VEZ MÁS

Para mi madre.

Gracias por darme un corazón, vida de mi vida.
Te quiero tanto… Nadie lo sabe, ni siquiera yo.
Y lo haré siempre, más allá del universo
y de los confines de la eternidad,
porque el infinito resulta pequeño
cuando se trata de ti, mamá.

A mi padre, Juan.
A mis hermanos, Basilio y Emilio.
A mi hermana, Eli.
A mi familia, compañera en este viaje.
Os quiero muchísimo.

Mamá, Melilla 1950

HE TERMINADO TU LIBRO, MAMÁ.
YA ERES INMORTAL.

EMILIA SÁNCHEZ VARGAS
MELILLA, 10 DE AGOSTO DE 1933
VALENCIA, 19 DE ENERO DE 2021

La vida, esa película que se proyecta en nuestro corazón, tiene banda sonora, y la mía posee más de una. Aquí puedes encontrar dos de ellas:

La lista *Proyecto Duelo* me ha acompañado durante la escritura, recorriendo con ella las páginas en blanco y fluyendo a través de mis dedos, desde mi interior.

¿Cómo la creé? Pues partí de un tema con un gran significado para mí: *Stars*, de Sam Airey. Y después, simplemente, las demás fueron llegando. Se trata de canciones que me abrazaron, reconfortaron y se sentaron a mi lado.

No todas están relacionadas con la pérdida o el duelo, pero sí hablan de amor y, de alguna manera, están conectadas con mis emociones.

He llorado, he reído y he bailado por toda la casa en pijama mientras intentaba escribir palabras y frases, con y sin sentido, ante el dolor, ante el amor.

Para mí son todas preciosas, espero que las disfrutes.

En esta *playlist* se encuentran muchos de los temas que cantaba con mi madre, sus canciones favoritas. Aquellas con las que el corazón se le hacía grande, tanto, que explotaba de alegría.

Déjate llevar y canta. Seguro que te sabes más de una.

Está firmado en el cielo.
La tinta, la sangre, las manos,
abrazando los costados
con la luz de las estrellas
dentro, debajo, al lado.
Las palabras han cumplido su papel,
impactando contra el cielo, quebrándolo,
liberando las nubes, el viento, la lluvia
que caerá desde el mar.
Porque arriba es abajo,
como adentro es afuera,
y mi piel es la cubierta
de todo aquello
que he escrito desde que te marchaste.
Duele.

Duelo.

«*A veces suena su risa cuando todo está en silencio,
como si me recordara que la vida nunca muere*».
Elvira Sastre

«*Morir y vivir en el corazón
de los que aman no es morir*».
T. Campbell

Prólogo

No recuerdo la última vez que me puse delante del pedal y enhebré la aguja. Sin embargo, recuerdo las tardes cosiendo con mi madre cuando yo aún no sabía apenas coger un lápiz. Qué extraña y fascinante es la mente. Aunque ya no lo hago tan a menudo como antes, cada vez que tiro de costurero, mis recuerdos viajan a través de los hilos hasta mi infancia. Puedo verme sentada junto a mi madre, con el rumor de la radio sonando de fondo por las tardes, dando puntadas desiguales sobre telas de colores y haciendo vestidos para mis muñecas. Cuando mi mamá abría la Singer, un mundo de telas y ovillos de hilos se desplegaba a nuestro alrededor. Parecíamos una isla flotando entre bolsas repletas de sueños. Dentro de aquel mueble de madera brillante, con olor a aceite de polea, existía un universo de retales dispuestos a convertirse en cualquier cosa al ritmo machacón del ornamentado pedal de hierro. Los ojos se me salían de las órbitas entre los hilos, entre fragmentos del pasado, recortados en el sentido de las costuras, esperando pacientes una nueva vida.

Mi madre me enseñó a coser y a cantar, tirando de la rueda de la máquina, cogiendo el compás con los pies. Me enseñó a bordar, a usar el dedal, a cortar al bies y a hacer bodoque, entre otras muchas cosas. Mi madre me transmitió el amor por las telas y los hilos, y a ponerle todo el cariño a aquello que eres capaz de crear. Muchas mujeres de mi familia cosían; eran modistas o lo hacían para ellas mismas. Mi mamá no era la mejor en ello, sabía lo básico y, quizá, un poco más, pero siempre le ponía pasión, coraje e ilusión al hacer cualquier cosa. Tela, hilo, lana… tenía unas manos preciosas que transformaban en amor todo aquello que tocaban.

Imposible coger el acerico sin recordarte, sin imitarte, sin pensar que todas las puntadas de mi vida las he dado gracias a ti, mamá.

Cuánto te echo de menos, gordita.

Te quiero, siempre.

«La literatura, como el arte en general,
es la demostración de que la vida no basta».
Fernando Pessoa

Mi diario

VALENCIA, 18 DE ENERO DE 2021

La reina ha empeorado.

Todas las hadas han venido a verla y estarán junto a ella por nosotros. Le darán todo su polvo de estrellas y su magia para que no sufra.
Y si llegara el caso, la elevarán entre las flores, la arroparán con sus hojas de nenúfares gigantes, para llevarla, a través del cielo, al Reino de las Hadas.

Donde será, por siempre, eterna.

Esplendor en la hierba

Oda a la inmortalidad

Aunque el resplandor,
que en otro tiempo fue tan brillante,
hoy está por siempre oculto en mi mirada.

Aunque mis ojos ya no
puedan ver ese destello,
que en mi juventud me deslumbraba.

Aunque nada pueda hacer
volver la hora del esplendor en la hierba
de la gloria en las flores,
no debemos afligirnos,
porque la belleza subsiste
siempre en el recuerdo.

En aquella primera
simpatía que, habiendo
sido una vez,
habrá de ser por siempre
en los consoladores pensamientos
que brotarán del humano sufrimiento
y en la fe que mira a través de la muerte.

Gracias al corazón humano,
por el cual vivimos;
gracias a sus ternuras,
a sus alegrías y sus temores,
la flor más humilde al florecer
puede inspirarme ideas que,
a menudo, se muestran
demasiado profundas para las lágrimas.

William Wordsworth

Adivinanza

¿Qué posee el llanto que nadie desea escuchar?

¿Qué notas se mecen en los vaivenes de las lágrimas, nocivas para nuestros tímpanos?

¿Qué se oculta entre hipidos, como paréntesis de esa historia líquida que se derrama por la piel?

¿Qué aflora en el lagrimal sin remedio, que escuece e irrita nuestros ojos, nublando la visión?

¿Qué sabor poseen las lágrimas para que todo el mundo insista en que no llores?

¿Qué partículas se desprenden debajo de tus párpados y viajan hasta tu nariz, convirtiéndola en un vertedero?

¿Qué ocurre detrás del llanto en tus ojos que tan intensamente estira de tu corazón?

¿Qué alivio provoca la sustancia de la que están hechas las lágrimas, para que necesites exorcizarlas de tu alma?

¿Qué ha de ocurrir, a veces, para que lloremos sin consuelo y siendo, paradójicamente, llorar nuestro único consuelo?

¿Qué posee el llanto que nadie desea escuchar?

La tristeza.

2022

El caballito de mar

9 DE ENERO DE 2022

Cuánto tiempo puede durar una despedida es algo que varía según las circunstancias.

Nuestro cerebro es capaz de procesar las imágenes en milésimas de segundo, por lo que, a más tiempo de exposición durante una situación, más imágenes y sensaciones tendrá guardadas en su interior. Pero ¿y si no sabes que ese momento que estás viviendo va a ser una despedida?, ¿una última vez? Quiero decir, ¿se procesa de la misma forma una imagen que sabes que nunca vas a volver a ver a otra que repites normalmente cada día? ¿Cuál es el criterio de selección que utiliza nuestro cerebro para darle prioridad a lo que almacena? ¿Por qué, a veces, no somos capaces de recordar alguna experiencia o suceso vivido que resulta de vital importancia para nosotros?

No sé mucho sobre el funcionamiento del cerebro, lo que sí sé es que toda mi vida está almacenada ahí dentro. Lo hayan visto mis ojos, sentido mi piel, se haya enganchado a mi tímpano o haya degustado y deleitado su aroma mi paladar. Todo está ahí, en el caballito de mar. Es bonito pensar que un ser mitológico tan bello, una divinidad marina, custodia mi vida entera. El hipocampo, el símbolo de Poseidón, el dios del mar, el encargado de traer a mi presente aquel último día, ese último beso que jamás volverá a repetirse.

33

Pero el caballito está desbocado. No encuentra esos recuerdos, no encuentra ese día, porque se trató de un día cualquiera dentro de nuestra rutina.

Las mañanas de sábado comenzaban con un «buenos días», protagonizado, muchas veces, por Tobías, nuestro perro, retozando en tu cama. Desayuno, siempre muy calentito y, según te encontrases, el baño era antes o después de la misa televisada. Convertíamos tu cama en un *spa*, con cremas, aceites, masajitos, un poco de colonia… y ¡ya estabas guapa! Bueno, en realidad, más guapa. Muchas veces, esto sucedía mientras de fondo sonaban algunas de las canciones que te gustaba escuchar y tarareabas, como Raphael, Nino Bravo o Carlos Gardel, entre otros; también, con algún programa de animales o viajes. Si tocaba cambio de cama, hacíamos la croqueta, porque ya habías aprendido a rodar hasta la cama de al lado, cerrando los ojos para no marearte.

Sin apenas darnos cuenta, pasaba la mañana entre viajes y música, con las visitas de unos y otros entrando en la habitación. Prácticamente, apenas te quedabas sola. El almuerzo, a veces de caprichos, consistía en Aquarius de naranja, bolitas de maíz, que te encantaba deshacer en la boca como un caramelo, y jamón serrano, el cual te comías con la misma ilusión que una niña pequeña en una fiesta de cumpleaños.

Más tarde, en la comida, te quejabas a menudo de tener que comer casi todo triturado, pero hacías buena cuenta de ello, dejando siempre limpio el plato lleno de vítores y aplausos.

Luego, nos tumbábamos alguno contigo (si no te habías ido ese día al salón). A veces, incluso dos, y con Tobías en la ollita, ese artilugio que construyó Emilio para evitar el roce de las sábanas en tus pies, veíamos cine de barrio o lo que se terciase. De esta manera transcurrían los sábados y domingos; también, de forma similar, cuando venía Basilio con su perrita, Linda, y pasaban la semana entera en casa.

Pero aquel sábado 9 de enero no te encontrabas muy bien. Tenías un poco de tos. A veces, te pasaba, debido a la inmovilidad. El caso es que todos estábamos un poco extrañados. Decidí a media tarde irme a mi casa y así descansar en mi cama esa noche y volver al día siguiente por la mañana. Me fui, no me quedé. ¿Por qué no lo haría? ¿Por qué decidí marcharme si tantos fines de semana me quedaba allí, contigo?. Me marché, me despedí de ti con un beso, como siempre, un beso sencillo y con un «hasta mañana» o algo parecido. NO LO RECUERDO. ¿Por qué? ¿Dónde está? ¿Dónde está mi despedida?, esa que parecía una más de tantos días, pero que fue la última vez que te vi, mamá.

Mi caballito de mar sigue surcando la inmensidad de mi cerebro, buscando más recuerdos de aquellos fatídicos diez días. No se trata de algo morboso. Olvidar o ignorar lo que sucedió no hará que desaparezca antes el dolor ni la pena. Apartarlo a un lado y seguir con mi vida no lo hará más fácil. Para curar una herida hay que conocerla, hay que saber cómo te la hiciste. Es lo primero que te pregunta un sanitario cuando acudes con una herida abierta. ¿Cómo ha ocurrido? ¿Con qué te la has hecho? Solo así saben qué hacer para curarte. Las heridas emocionales no son tan diferentes, hay que conocerlas para sanarlas. La diferencia es que suelen tardar mucho más en cicatrizar, porque no funcionamos igual que un anestésico o un antiséptico. No existe una prótesis para un corazón que ha perdido un trozo cuando es la pena la que se lo ha arrancado. El tiempo no lo cura todo, eso no es cierto. El tiempo apacigua, calma, pero curar… La capacidad para sanar nuestras heridas emocionales se encuentra dentro de uno mismo, en nuestro interior. Pero no es una cuestión de tiempo; en ocasiones, ni siquiera de voluntad, porque ¿quién no desea estar bien y vivir sin sufrimiento? Aún no he averiguado dónde reside ese lugar dentro de mí, ni la manera de hacerlo, pero sé que no es cuestión de tiempo ni de palabras de ánimo, ni de la superación a la que la sociedad te empuja sin compasión. Superar la pérdida de un ser querido, en este caso, de una madre, es tarea imposible. Eso es un hecho. Ante una pérdida giran demasiados matices a su alrededor para poder pensar que el tiempo actuará como si de la cura prescrita por un médico se tratase.

Este sufrimiento no durará para siempre, lo sé. La herida se cerrará, quizá, por segunda intención, lo desconozco, y acabará dejando una hermosa cicatriz, que recorreré con la punta de mis dedos, siempre pensando en ti, mamá.

Estoy aprendiendo a admirar la belleza de las cicatrices. Igual que la que yo te hice en tu vientre al nacer. Siempre irá conmigo, con nosotras. Yo poseo una, como tú, pero sin dar a luz, sin una hija o un hijo que me aliviase el dolor al mirarlo a los ojos. Caprichos de la vida, ya ves.

Aunque en este caso no se trata de una herida que haya hecho una nueva vida, sino todo lo contrario. Existe un lugar en mi interior que está dañado por esa laceración abierta provocada por tu marcha y es demasiado profunda, demasiado ligada a mi alma, a mis entrañas rotas. Una herida imposible de recuperar con yodo y vendas.

Es fruto de las circunstancias, imagino, el que ahora no sea capaz de recordar prácticamente nada de lo sucedido en aquellos días. He leído que el cerebro actúa ante situaciones traumáticas o de estrés activando el instinto de supervivencia. El reptiliano se pone en marcha. Lo que ocurre es que no distingue la importancia de los acontecimientos para tu alma, para tu corazón, y borra o almacena aquello que duele en un lugar secreto en el que solo ese reptil, que habita dentro de ti, conoce.

Espero que mi caballito de mar sea capaz de encontrarlos. Aquellos días me pertenecen, son parte de mi historia, de mi vida, de la nuestra. Quizá, jamás los recuerde con claridad, pero este momento, el presente, sí puedo vivirlo de forma consciente y no voy a dejar de sentir cada minuto, cada segundo de este duelo durante los días venideros. Viviré con toda la intensidad posible tu recuerdo, mamá. Te lo debo. Me lo debo.

Piedad Bonet dice:

«No hay cicatriz, por brutal que parezca, que no encierre belleza. Una historia puntual se cuenta en ella, algún dolor. Pero también su fin. Las cicatrices, pues, son las costuras de la memoria, un remate que nos sana dañándonos. La forma que el tiempo encuentra de que nunca olvidemos las heridas».

El corazón de la *banshee*

10 DE ENERO DE 2022

Ayer, el viento no cesó. Durante la tarde, y bien entrada la noche, se escuchaba golpear contra la ventana. Se movía entre las calles, subía hacia el cielo y volvía a bajar con fuerza, serpenteando alrededor de la casa. No me daba miedo, porque sabía que eras tú. Estabas en el aire, bailando y cantando para mí.

En aquellos días, también hubo viento. Rugía con fuerza la tarde en la que te marchaste.

Tal día como hoy, hace un año, me quedé en casa, en la cama. Hacía mucho frío, tanto, que tuve que añadir alguna manta y ponerme el batín bajo el edredón. Recuerdo el color del cielo desde mi ventana: gris blanquecino. Parecía, incluso, que podría caer nieve si hubiera descendido algún grado más la temperatura. Me levanté y me preparé un café con leche, calentito, que me llevé a la cama. Pensaba quedarme allí todo el día, no me sentía bien y con aquel frío… Hablé con mis hermanos, Emilio y Eli, ellos se ocuparían de ti ese domingo. La tarde anterior me marché, pensando en volver al día siguiente, pero tenía el frío metido en el cuerpo. Hicimos una llamada con el manos libres. Les iba a explicar algo sobre cómo poner el nuevo parche que llevabas en la úlcera de decúbito que se te había hecho cuando estuviste ingresada el pasado mes de

39

septiembre. Mientras hablaba con ellos, te escuchaba decir alguna cosa a través del altavoz, pero soy incapaz de recordar tus palabras. Imagino que saludaste. Seguramente, me preguntaste cómo me encontraba. Bromearíamos sobre lo que te iban a hacer y soltarías alguna de las tuyas. Siempre nos hacías reír. Tobías se hizo con el protagonismo en algún momento, eso está claro. Tu chiqui, así lo llamabas. Nos despedimos sin más, te encontrabas bien. Ninguno le dimos mucha importancia a los insignificantes síntomas que parecía que comenzábamos a tener. Emilio se sentía resfriado, pero cuarenta y ocho horas antes se había hecho una prueba de COVID y había dado negativa. No había estado con nadie más que con nosotros y, a su vez, nosotros tampoco, así que estábamos tranquilos: era un resfriado típico de las fechas invernales. Los demás acusábamos algo de cansancio, pero nada que no pudiera ser normal en nuestro día a día. A mí me dolía la espalda y pensé que era de ir encogida a causa del frío, pues me había acobardado como nunca antes me había sucedido.

Nosotros estábamos bastante tranquilos respecto al virus, porque éramos extremadamente cuidadosos: mascarillas, desinfección, limpieza, cero socialización… Sentíamos una gran responsabilidad hacia ti y hacia papá, y con nosotros mismos, claro está. De manera que era algo que estaba ahí, sí, pero no se nos pasaba por la imaginación que pudiéramos contagiarnos, ya habíamos sorteado victoriosos casi un año de pandemia.

Tenía varios libros pendientes de lectura y, para ir acorde con aquel tiempo gris y frío, me decanté por *El corazón de la banshee* de Raquel de la Morena. Una historia con toques fantásticos y romance, ambientada en la Irlanda de finales del siglo XIX (Dublín, 1817). Quienes me conocéis, sabéis de mi amor por la isla esmeralda y todo lo que la rodea, por lo que me sumergí por completo en aquella lectura. Me atrapó de tal forma que lo acabé ese mismo día. En aquel momento no podía tener ningún significado para mí más que un libro bonito que disfruté, pero ahora lo encuentro tan significativo como oportuno. No sé si sabéis qué es una *banshee* y cuál es su función para con los humanos.

Las *banshees* son hadas mensajeras del otro mundo, del más allá. Pertenecen al folklore irlandés. Se trata de espíritus femeninos que aparecen para anunciar la muerte de un familiar cercano. Lo hacen a través de sus gritos o llantos. Ese poder reside en las cuerdas vocales, garganta y pulmones superhumanos, que les permite crear poderosas ondas sónicas con su voz, además, pueden usarlas como ecolocalización e, incluso, para volar.

—*Somos las mensajeras de la Muerte, a la que servimos facilitando el tránsito de las almas de los difuntos al otro lado del Confín.*
—*¿El Confín?*
—*La franja invisible que separa el mundo material del espiritual. Si no las guiásemos hasta allí, sin nuestra tutela, esas almas podrían perderse y vagar solas por el mundo para el resto de sus días. Cada banshee tiene asignada varias familias…*

Las casualidades no existen, lo sé.

Aunque mi tímpano no podía escuchar el llanto de aquella hada del más allá, me estaba hablando mediante el libro que estaba leyendo, el que escogí, al azar, de entre mis lecturas pendientes. Nos estaba gritando a todos, a través del frío y su cielo mortecino, lo que estaba a punto de suceder. El alma dulce de mi querida y, en ese momento, frágil mamá, se estaba preparando para partir.

11 DE ENERO DE 2022

Aquella tarde del pasado año, estuve trabajando, con una tosecilla a la que no hice demasiado caso. Pensaba que me había excedido con la lejía al hacer la proporción en el líquido que usábamos para desinfectar las superficies en la clínica. Creo, incluso, que se lo comenté a mi jefe. El día transcurrió sin demasiado interés; un lunes más, que, como siempre, solían ser algo pesados. Yo me sentía especialmente cansada, pero lo achacaba a verme incapaz de ponerme recta. Mi espalda insistía en plegarse sobre mí misma, intentando darme algo más de calor al cuerpo. No recuerdo si hablé con mis hermanos, imagino que sí. Solíamos ponernos al día a través del grupo de WhatsApp para comentar cómo iban mis padres y si había alguna novedad. No sé si hablé con mi madre, no lo recuerdo. No recuerdo prácticamente nada.

A mitad de la tarde, tuvimos un paro de trabajo, algún paciente que anuló la cita, y me entretuve escribiendo algo en Instagram. Esto lo sé porque publiqué una foto en blanco y negro de mi mano abierta sosteniendo en la palma el anillo de boda de mi madre. Me lo quedé la última vez que estuvo en el hospital para que no se perdiera. Días atrás había decidido crear una colección de fotografías significativas para mí, acompañadas de frases o pequeños textos inspiradores bajo el título *Win al son del amor y la esperanza*. La que acompañaba esa imagen rezaba así: «Objetos. Instrumentos de navegación a través de la vida». Aún hoy me pregunto cómo es posible que se den tantas señales a lo largo de nuestra vida y estemos o seamos tan ciegos.

Aquella noche transcurrió como todas las demás. Lo habitual en mí: dormí poco y mal. Imagino que la tos persistió, pero es algo que tampoco recuerdo. Cuando sonó la alarma del despertador para ir a trabajar, me di cuenta de que algo no iba bien. Me dolía todo el cuerpo, me pesaba como si la cama tuviese un imán y me estuviese engullendo. Era incapaz de levantarme, de moverme siquiera. Me dolía la cabeza tanto que los pensamientos se pronunciaban como golpes en un yunque. Y sí, la tos que el día anterior creía fruto del exceso de química persistía. Eran las 7:30 AM, esperé a las ocho y llamé a mis jefes, Quincho y Yolanda para decirles lo que me ocurría. No fui a trabajar, pues con aquellos síntomas y tal y como estaba el panorama con el COVID, debíamos ser prudentes. Debía quedarme en casa y contactar con el centro de salud. Eso hice. Me dieron cita para el día siguiente, algo que me costó infinitas llamadas, pero lo conseguí.

No recuerdo mucho de ese día, ni con quién hablé o sobre qué, pero en ningún momento pensé que aquello no fuese otra cosa que un resfriado o se tratase de la gripe común. Era la época y hacía un frío que pelaba en aquellos días, así que ¿por qué no iba a ser lo de todos los inviernos? Nada de lo que preocuparse. Porque una cosa es cierta, nunca queremos creer que eso que les sucede a otras personas puede sucedernos a nosotros también.

Mi hermano Basilio me llevó algo de comida caliente. Era martes y mi hermana estaba en casa porque los libra. Imagino que hizo algún plato de cuchara, que mi hermano me dejó en la puerta, igual que si yo fuese una apestada, pero era lo mejor, por si acaso, prevenir. Lo que no podíamos imaginar era que aquello de lo que intentábamos ser tan precavidos ya se había colado de forma súbita por alguna rendija y con su deflagración se haría con el poder absoluto de nuestras vidas.

Cada vez me sentía más débil, casi ni podía moverme por la casa. Aquello fue a mucho peor con el paso de los días, pero se trataba de algo que en esos momentos ni era capaz de imaginar. Entonces, un par de horas más tarde apareció la fiebre y, con ella, todo lo demás.

Mi madre se encontraba en la misma línea de los días anteriores. Tenía un poco de moco, pero en ella era normal, debido a su inmovilidad, que a veces le sucediera. Así que no nos alarmó demasiado, porque era habitual que le pasase, al estar tanto tiempo encamada. Con Flumil y mucho líquido aquello acababa siempre desapareciendo en pocos días. Pero es cierto que ya comenzó a rondarnos cierta inquietud. Se iban abriendo cada vez más frentes extraños a nuestro alrededor.

Mi madre se quejaba muy poco, siempre estaba bien y, aún más, últimamente, con lo cuidada que estaba. Teníamos que estar preguntándole, a veces, si le dolía algo. Poseía ese particular ánimo medio infantil que, a veces, suele causar la vejez.

Pero al día siguiente, miércoles, su estado cambió de forma brusca y repentina. Estuvo algo adormilada por la mañana y a la hora de comer no podía, le costaba, respirar. Sucedió así, de la noche a la mañana.

Llamaron al 112 y acudieron los servicios de emergencias para llevarla al hospital. Igual que la sirena de aquella ambulancia, una alarma comenzó a sonar en el interior de nuestro corazón, arrastrando con ella un pánico que, agazapado, mantuvimos a raya hasta entonces. No queríamos pensarlo, pero había un resorte que comenzaba a martillear en nuestra cabeza con la duda y el miedo.

Los camilleros acudieron con aquellos trajes que veíamos en la televisión. El protocolo de EPIS se activó ante un posible infectado, así es como la tratarían por los síntomas que manifestaba.

Aunque no presencié aquella escena, tan solo de imaginarla se me eriza la piel. A veces, la imaginación juega malas pasadas; a veces, puede superar la realidad, y es horrible, pero, en este caso, la realidad era terrorífica.

Debido a la falta de oxígeno estaba un poco aturdida, no sé si era consciente de lo que ocurría, de que se la llevaron de su casa.

Te arrancaron de nosotros de cuajo, con prisa y sin anestesia… Yo ya no estaba allí, contigo, mamá. Hacía tres días que no te veía, hacía tres días que me había marchado con un «hasta mañana, mami». Ya no volví. Ya nunca más volvería a verte.

Papá creo que no terminaba de entender muy bien la magnitud de lo que podía estar ocurriendo. Estoy segura de que se asomó al balcón para ver cómo te metían en la ambulancia. Le he visto hacerlo otras veces e imagino lo asustado que estaría, sin comprender y esperando que fuese como la última vez, y que en tres o cuatro días regresarías a casa. Pero no ocurrió así.

Basilio se fue al hospital, no podía acompañarte en la ambulancia. Cuando llegó, no sé cuánto tiempo pasó hasta que tuvo noticias tuyas, noticias que llegaron cargadas de tormenta. Emilio y Eli estaban trabajando, así que como yo me encontraba en casa fui la primera en recibir la llamada de mi hermano, que volvía a casa al final de la tarde, solo, sin ti.

Mi *test*, el que me hicieron por la mañana, había dado negativo, pero tú, mamá, tú eras positivo.

Mi mamá.

Un grano de arena golpeado por las olas de un mar embravecido. Así me sentí, aplastada contra las rocas frías y sin vida.

Una sentencia de muerte que llegó de forma inesperada. La certeza de que el final de su vida estaba al otro lado de nuestros ojos, de nuestra piel. Tan cerca y tan lejos. Se trataba de una imagen surrealista que se dibujaba por segundos con un lápiz grueso, negro y con la punta tan afilada, que se clavaba a cada trazo en lo más profundo de cada uno de nosotros. Mis lágrimas decían desbocadas «se va a morir. No puede ser. Mamá se va a morir…», y la pena me engulló. Nos tragó a todos, absolutamente voraz y despiadada.

Tengo lagunas tan enormes como el océano respecto a lo que sucedió durante aquellos días, tan solo salvables por las palabras que, como pude, escribí en mi diario.

Pasamos a estar confinados por contacto directo. En unas horas, nos convertimos en positivos de lo más negativo que pudiéramos esperar. El concepto de enfermedad y muerte se hizo presente, ocupando toda nuestra existencia, sin límites de edad, sin la posibilidad de apearnos en la siguiente estación. «No quiero estar aquí, no deseo viajar en este tren», pero los billetes estaban ya dentro de nuestros bolsillos, tan pesados como piedras, oscuras y negras.

Los diarios son la piel de los sentimientos.

Sangran, queman, envejecen… y duelen.

2021

«No tengo la menor idea de cómo voy a poner
toda mi energía en la escritura de nuevo.
Requiere tanta, tanta presencia, concentración y energía.
La belleza ha abandonado mi lenguaje.
Mi lenguaje viste luto. Me da exactamente igual».
Naja Marie Aidt

Mi diario

Fragmentos

Hoy me harán un test *de antígenos. Cada vez me encuentro peor, llevo ya dos días enferma y estoy asustada por mi familia.*

¡Se han llevado a mi mamá al hospital! No podía respirar. Dios mío, San Miguel. A todos los seres de luz, a mis guías, les pido que velen por ella, por todos nosotros.

Resultado de mi prueba: negativa. Mamá, mamá es positivo…

Esto es horrible, no me lo puedo creer. Estamos todos consternados, tristes y rotos.

No puedo pensar en que esté sola allí en el hospital, porque me muero de tristeza. Pobrecita mi mamita, mi amor.

¿Cómo ha podido suceder?

Hagas lo que hagas, nadie está a salvo.

Solo pido que no esté sola, que sus guías y las almas de su familia estén con ella. Que la cuiden y la guíen hacia donde tenga que ir.

Mamita, te quiero mucho. Gracias por darme tanto, por darme la vida. Sé valiente.

Te quiero.

Mamá, ¿puedes oírme? Sé que sí, que estás justo aquí, a mi lado, como siempre. Qué momento tan temido y a la vez tan seguro de que llegaría, pero ¿así? Jamás imaginé que ocurriría de esta manera. No te mereces esto, sufrir de esta forma, tú sola, no te lo mereces. Con todos tus hijos, que siempre hemos estado a tu lado, es tan injusto que ahora te puedas marchar sin nosotros y sin papá.

¡Joder! Qué mierda, no puedo escribir… Las lágrimas y la emoción me embargan y me gustaría tanto poder ofrecerte las palabras más bellas del mundo, con todos mis sentimientos y los de tu familia que te quiere, para que no te sientas sola. Y así puedas rellenar todos los espacios de esa habitación con nuestro AMOR. Te quiero muchísimo, mamá. Me siento tan afortunada de haber tenido el honor de compartir toda mi vida contigo y desearía que nunca se acabara. Has sido y eres la mejor madre que podría haber tenido, porque me has dado todo aquello que un hijo puede desear y me has dado la vida. Siempre he sentido el amor en tus palabras, en tus caricias, en tus abrazos; incluso, cuando me regañabas, sé que todo lo hacías por mí.

Nuestra relación comenzó siendo de las complejas, ¿eh, mami? Un nacimiento prematuro, traumático, por cesárea, con todo lo que esa situación conllevaba. Casi morimos. Y mi adicción a ti, algo que creo era mutuo. En estos últimos tiempos, cuando eres como una niña a la que cuidar, mi mayor consuelo radica en ver una sonrisa en tu rostro y, mamá, tú siempre lo haces, sonreír. Qué extraño resulta verte seria, muy malita tienes que estar. Qué dulzura la tuya y qué suerte la mía… con unas cosquillas, que no te gustan, pero que te sacan cientos de risas; con una canción, haciendo el payaso o llamando por su nombre a partes de tu anatomía, que a ti tanto te escandalizaba. Qué fácil es hacerte reír, hacerte feliz.

Mamita, si supieras lo que significas para mí, para todos nosotros. Tanto amor, tanta dulzura, tanta bondad. Tu ingenuidad y sencillez, la misericordia con la que coronabas todo tu ser. La destreza para llevar adelante la vida, la de toda tu familia. Siempre has sido todo corazón. T. Q.

Si ha llegado tu momento y has de marcharte para, por fin, volver al hogar, espero y deseo, y le pido a lo más alto, que sea rápido, sin dolor, sin sufrimiento y con toda la paz y sosiego posible.

Que tu tránsito sea tranquilo. Puedes marchar en paz, mami, estaremos bien, pero no olvides venir a verme. Lo pactamos hace tiempo, no lo olvides. Te llevo en mi corazón. Así será, por todos los días de mi existencia.

15 DE ENERO

Sigues en el hospital, mamá. Me siento tan extraña; en realidad, no sé cómo sentirme, porque si no pienso en ello, puedo hacer como si no estuviera ocurriendo, pero sí, sí está sucediendo. No quiero, no puedo imaginarte en ese lugar, porque me rompo en mil pedazos, pero mi mente me lleva allí a menudo, durante el día y por las noches. Intento que sean solo unos segundos, un instante, porque es lo que mi corazón es capaz de soportar. Supongo que es como me dice Carmen: una defensa para no volverme loca o sucumbir en el abismo de la tristeza más profunda. Sé que puedes oírme, sé que puedes sentirnos a todos dándote besos, abrazos, haciéndote reír, cuidándote y queriéndote como siempre. No te asustes si no nos puedes ver allí, estamos a tu lado de verdad. Cierra los ojos y nos verás. No estás sola, nunca lo has estado y jamás lo estarás. Eres el amor más grande que pueda expresarse, sentirse o conocerse en esta vida humana. El amor de una madre, lo más sagrado, y tú, tú eres la mejor. Una mujer extraordinaria. Si te vieras con los ojos con los que yo te veo… ¡Eres tan bonita!

Mami, ¿te acuerdas cuándo me llevabas de la mano? Yo era una niña e íbamos a hacer la compra. ¿O de las veces que cosíamos juntas? Siempre pegadita a ti, igual que ahora, solo que se han invertido los papeles. Te pongo aceite en las piernas, te pinto las uñas, te froto la espalda, te hago una limpieza de cara, te doy de comer y te perfumo.

Todos lo hacemos. Eres tan guapa, mi chica linda y preciosa. Sé fuerte, nosotros estaremos todos contigo. No tengas miedo. Pase lo que pase, estarás bien. Nosotros te protegeremos y, aunque no estemos físicamente, nuestra alma está a tu lado para ayudarte a tomar el paso que tengas que dar. Dios está vigilando y San Miguel, también.

17 DE ENERO

Cuando negativo significa mucho más que positivo. Contradicción absoluta.

A pesar de todo lo mal que me encuentro por este maldito virus, con todo ese dolor que llevo en el costado, que empieza a preocuparme bastante, la tos, la fiebre, el malestar constante de todo mi cuerpo y la debilidad, no me creo que todo esto sea real. ¿Es un sueño? Un mal sueño entonces, del que pronto despertaremos y podremos seguir con nuestra vida, donde esto la interrumpió.

A veces, me puede el desánimo, pero entonces pienso en ella, en mi madre, en que está allí sola, luchando con todas sus fuerzas y eso me las da a mí para no dejarme vencer. Si ella puede con esto, si su cuerpo está luchando, como la valiente que es, ¿cómo voy yo a dejarme vencer? Tengo que hacerlo por ella. Se lo debo, en honor a la vida que me concedió y a todo el amor que tan generosamente me regaló.

Esta situación tiene que ser una lección de vida. Cada uno debe ser capaz de hacer su propia extracción personal. Fortaleza, humildad, compasión, perdón, amor, rendición... Todas aquellas cosas por las que cada día intento avanzar y crecer. Creer en mí y en que los milagros son posibles, porque el amor es la base y el sustento de nuestras vidas y que, con y por ese AMOR, seremos capaces de superarlo todo.

Vamos a estar a tu lado siempre, mamita. Te quiero.

La imagino dormida en su lecho, acariciada por un cálido rayo de sol, en una torre blanca de marfil y cristal. En la placidez de su rostro se refleja su amor y sabiduría. Está descansando, esperando recuperarse de este hechizo que la ha atrapado sin esperarlo. El AMOR la rescatará. Todo el amor que nosotros le profesamos se lo enviaremos a través del viento. Más que una princesa, es una reina, la Reina de las Madres. En sus manos poseía las caricias infinitas de quien ha tenido la capacidad de disfrutar de todas ellas. En sus ojos, la increíble visión de ver más allá de lo posible, aunque apenas hubiera salido de su pequeño reino. No le hacía falta, pues en él encontraba todo cuanto necesitaba. Ella era feliz en su mundo, uno, aunque pequeño, mucho mejor que el que habitamos los demás, porque para ella todo cuanto la rodeaba era suficiente, era lo que necesitaba para ser feliz y esa humildad es la virtud más grande que puede existir.

Te quiero, gordita, eres mi AMOR.

Todo sigue igual, sin noticias de mamá aún. Son las 10:44 AM. Los demás nos encontramos más o menos igual que ayer. Ya perdimos todos el olfato. Los que estamos peor somos Basilio y yo. Mucha fiebre, tos y un agotamiento indescriptible. Persiste mi dolor del costado izquierdo. Hoy hablaré con la doctora. Mi padre está bastante bien, apenas tiene síntomas y Eli y Emilio como si fuese un catarro y un poco de malestar. Mi cuñada no se ha contagiado, al menos, de momento; ella también está delicada y podría ser peligroso.

Echo mucho de menos a Tobías, pobrecillo, qué pensará. Se va a la cama de mi mamá y la busca. Eso me cuentan.

Se me ha vaciado la cabeza de palabras y me gustaría ser capaz de transmitir mis emociones, pero no me siento con fuerzas, es como si tuviera humo en la cabeza, además de que me duele horrores.

Es imposible que en este estado me fluyan las palabras, estoy muy nerviosa y tengo mucho miedo. Desearía que no se apoderase de mí, pero ya no me queda energía.

Esta pesadilla pasará, lo sé, todo lo hace. Todo pasa. Pero la cuestión es: ¿de qué manera lo hará?

La Reina ha empeorado.
Todas las hadas han venido a verla y están
junto a ella por nosotros. Le darán todo su
polvo de estrellas y su magia para que no sufra.
Y si llega el caso, la elevarán entre las flores,
la arroparán con sus hojas de nenúfares gigantes
para llevarla a través del cielo al Reino de las Hadas. Donde será,
por siempre, eterna.

Ya has abandonado tu cuerpo.

Has dejado atrás el sufrimiento y te has marchado tranquila y en paz. Seguro que ha sido así.

Siempre tan discreta, tan buena y con ese corazón maravilloso. Ahora eres, por fin, esa luz que has irradiado siempre y que nos enviarás a todos hasta el fin de nuestros días en la Tierra.

Mamita linda, mi chica guapa, preciosa, siempre estarás en nuestro corazón, porque eres parte de nosotros. Tú nos diste la vida y te prometo vivirla lo mejor que pueda por ti. No dejes nunca de sonreír, así te voy a recordar: sonriendo y cantando todas esas canciones que me van a acompañar cuando piense en ti. Ese Bailar pegados que hemos cantado últimamente hasta la saciedad. Lo acabábamos de añadir a nuestros favoritos y te encantaba. Todas las canciones de Raphael...

Ya no estás en tu cuerpo, pero sigues aquí, lo sé. Estarás en todas partes conmigo. Siempre juntitas, siempre pegadita a ti. Te quiero tanto, mamá. Ha sido lo mejor de mi vida, conocerte. Gracias por darme la oportunidad de estar junto a ti todos estos años y por todo lo que me has entregado, todo ese amor que sé te llevas tú también.

Recuerda venir a verme en mis sueños o siempre que lo desees. Yo, en cada rayo de sol y en cada brisa, sabré que estás ahí.

Saluda a todos de mi parte. Ya ves que tita Loli te estaba esperando para merendar. Poneos musiquita y haced un buen té moruno con mucha hierbabuena, azúcar y galletas. Disfruta del cielo que te mereces, de toda la luz que se brinda a tus pies.

Has sido la mejor mamá. Mi corazón es porque tú lo hiciste, lo moldeaste con tu amor, igual que toda yo. Al igual que mi vida. Te quiero mucho, mamita linda. Mi chica. Todos esos bocaditos que te di... ahora desearía poder dártelos otra vez.

No me puedo creer que ya nunca más vaya a poder verte, besarte, darte mil y un abrazos, mamá. Mamá.

Mi mamá.

Mientras transcurría la mañana, aún sin noticias del hospital, mi doctora me envió urgente al centro de especialidades para hacerme una RX de tórax. No le gustaba nada ese dolor y había que descartar la neumonía, pues aún estaba dentro de los días críticos de la enfermedad.

Salí a la calle, después de toda la semana en casa y con aquella angustia que por mi madre estaba viviendo. No tenía fuerzas, pero me sabía mal coger un taxi o el autobús, porque, aunque iba con mi doble mascarilla, me daba respeto por la posibilidad de contagiar a otras personas, así que me dirigí caminando, como pude, a Juan Llorens, el centro de especialidades, que se encontraba a una media hora larga a pie desde mi barrio. Como no tenía cita, ya que era por urgencias, me dijeron que fuese entre las 11 y 11:30 AM. Apenas caminé unos metros, cuando iba tan mareada que no pude evitar meter el pie en un desperfecto de la acera y me caí al suelo de rodillas. Entonces no lo sabía, pero por la hora que era en ese momento, debías estar preparándote para emprender tu último viaje. Ese tropiezo no fue una casualidad, era una señal. Acudieron a socorrerme un chico joven y un señor. Les grité que no me cogieran, que no me tocaran. Pobrecillos, pensarían que era una loca desagradecida, pero no me atreví a decirles que estaba infectada por COVID. Se alejaron extrañados y preguntando si estaba bien desde la distancia. Les di las gracias y seguí mi camino, que ahora también haría cojeando y se me antojaba interminable.

A punto de hacerme la radiografía, me llamó mi hermana Eli. me dijo que habían telefoneado del hospital. Estabas mal y recomendaban sedarte. El protocolo decía que debíamos autorizar y entre llamar a unos y otros, y llorar y negar, y llorar y doler, y llorar y negar de nuevo lo evidente, emprendiste el camino hacia el arcoíris.

Abandonaste tu cuerpo mortal.

No dio tiempo a decidir nada ni a hablar de nuevo con tu doctora.

La noticia me llegó nada más regresar a casa. Yo hablaba por teléfono con Fernan, un amigo, me había llamado para ver cómo iba todo y cuando vi que era mi hermana quien aparecía en línea le colgué rápidamente para atenderla a ella y, entonces, entonces me lo dijo. Ya te habías ido. Quise romper algo, quise atravesar el cielo con mis propias manos y apagar la luz del mundo que brillaba intensa y preciosa, ajena a nuestro dolor, al sufrimiento que oprimía nuestro corazón, estrujando sin piedad la, en ese instante, poca vida que albergábamos y que nos contemplaba desde un rincón pequeño y lejano en ese amargo momento.

Cuando pienso que ocurrió mientras yo iba caminando por la calle, subiendo las escaleras de casa, haciendo algo tan mundano, tan corriente, en ese día tan soleado, me estalla sin remedio la cabeza. Es frívolo.

La vida y la muerte siempre avanzan a su ritmo. No se detienen a descansar, a mirar hacia los lados antes de cruzar. Ellas llevan un propósito, un destino, un final y tanto la una como la otra se dirigen hacia él como un tren de alta velocidad.

La vida sigue mientras la gente muere. La gente muere mientras la vida sigue.

Me ha llamado mi doctora, ya ha visto la radiografía. No aparecen signos de neumonía.

«No hay nada en los pulmones», me dice.

Pero tampoco lo hay ya en mi corazón.

Esta tarde se ha levantado viento. El sol se oculta caprichosamente entre las nubes, que se deslizan torpes sobre nosotros. Creo que no sabe qué hacer.

También el cielo se ha llenado de tristeza.

Había que hablar con la funeraria y poner en marcha todo lo referente al funeral, pero estábamos con COVID todos y eso era un impedimento, dadas las circunstancias.

Llamaron del hospital. Una persona, más bien un ángel, dijo haberlo consultado con alguien que, como explicó, le dio permiso o, realmente, hizo la vista gorda, arrastrado por nuestra pena, y nos ofrecieron la posibilidad de entrar a verla. Ya estábamos contagiados, así que... pero solo podría hacerlo uno de nosotros.

Mi hermana. Ella fue quien entró a ver a mamá.

Mi padre no podría haber ido solo; Basilio estaba en su casa en Alcoy; yo estaba bastante peor, así que entre ella y Emilio, imagino, lo acordaron. Ella era la que estaba llevando todas las llamadas, ella se hizo cargo de todas las gestiones burocráticas tan desagradables que rodean un momento como ese.

La vistieron con la impersonalidad y asepsia que requería la situación. Entró en la habitación 327 con el corazón hecho pedazos, debajo de todo aquel plástico, que pretendía impermeabilizar también los sentimientos. Entre aquellas paredes desnudas, el alma de mi madre se encontraba todavía observando todo desde la paz y serenidad que otorga la luz divina.

Estaba tendida sobre la cama, de ladito, tapadita con una sabanita, como cualquier otro día estando en su casa, en su habitación, dormida y tranquila. Estaba en paz, emanando serenidad. Llevaba una mascarilla, que mi hermana retiró con cuidado para ver su rostro. Se podía sentir relajado, sin ningún signo de sufrimiento o agonía. Estaba muy bonita, bella, tal y como ella era. Le tomó la mano y se quedó a su lado, llorando, susurrándole amor, todo nuestro amor, durante un tiempo que, imagino, fue demasiado corto, tanto como un día de invierno.

Aquellos minutos junto a mi madre se trataban de un regalo, una experiencia única que mi hermana vivió y, me consta, completó una parte de ella misma.

Desde la funeraria, aunque aquí hubo unos momentos de caos, hasta el servicio en el que se encontraba mi mamá en el hospital, se portaron muy bien, fueron comprensivos y atentos.

Como no podíamos asistir al funeral por estar confinados, nos concedieron más tiempo. Tiempo para los vivos sentados junto a la muerte. Sentados de cara al vacío, a la espera de una vida sin ella.

Un tiempo muerto.

Nos dijeron que mantendrían su cuerpo en una cámara el máximo de días posible y darnos, así, la oportunidad de recuperarnos del virus. Si por fin dábamos negativo asistiríamos a su funeral y podríamos despedirnos de ella. Era martes, cuatro días nos otorgaron. Cuatro días en los que el cuerpo de mi mamá iba a permanecer solo, entre las cuatro paredes de un frío acero, en un lugar desconocido, con todo ese aire, que ahora nos resultaba tan irrespirable, tan impenetrable, circulando entre ella y nosotros. Con todo ese espacio opaco repleto de personas, de calles, de árboles retorciéndose en dirección al cielo.

Y nosotros éramos los desolados, confundidos, fragmentados, esperanzados (por curarnos y asistir a su funeral), consternados.
Aterrados pero agradecidos.

¿Es posible sentir todo eso? ¿Guardarlo dentro de la misma caja y que pueda permanecer quieto ahí, estanco, como ahora nuestra vida, y con tanto dolor, envolviéndolo?
No podemos imaginar todo aquello de lo que somos capaces de resistir, de asimilar, hasta que la vida te hace pasar por determinadas circunstancias.
«Y SÍ, Era y es posible.

20 DE ENERO

Sigo sin creerlo. Pero es cierto, muy cierto.

Hoy el cielo ha decidido no arrancar el sol de entre sus nubes, se lo ha quedado para sí. Para iluminar tu camino, para darte la mano, para extender ante ti sus rayos pintados de amarillo, como una alfombra digna de una reina. El camino de baldosas amarillas…

Pero aquí abajo, tus ojitos se apagaron y, por ello, todo es tristeza y dolor.

21 DE ENERO

Cuánto dolor, mamá, cuánta tristeza. Sé que estarás bien allá donde vas, rodeada de ángeles, y que toda la luz del universo brillará más intensamente, porque tú estás ahí, pero te echo tanto de menos, tanto que duelen las entrañas y este dolor no me deja respirar ni pensar ni nada de nada. Mi chica guapa, mi amor bonito, mi mamita linda.

No podré ir a tu funeral el sábado, ninguno podrá si no sale negativo el test, *pero vamos a estar a tu lado. Siempre lo estaré y tú al mío, ¿verdad que sí?*

Porque mi corazón te pertenece siempre, mi vidita. Mi amor, mamá.

Querida, mamá:

¿Cómo estás? Espero que te hayas instalado en el cielo, en el universo, y ya puedas observarnos con normalidad desde un lecho de nubes y estrellas. Aunque, a veces, mis pensamientos se enturbian por las lágrimas que arrastran la tristeza, el miedo y la duda; esa es mi parte

humana. En mi corazón y en mi alma sé que tu viaje fue tranquilo y en paz. Que tus guías y las hadas te tomaron de la mano para llevarte de vuelta al hogar. El hogar que nos espera a todos. Sé que tu viaje fue directo, sin contratiempos ni paradas, porque tu alma pura tenía un billete directo a las estrellas.

Aquí, aunque estemos tristes, nos sentimos afortunados de haberte tenido, de haber compartido contigo estos años encarnados. Te damos las gracias por todo cuanto nos diste, por ese legado tan valioso, la vida y, también, por todas tus enseñanzas. Siempre tuviste tu pesar de no haber estudiado, pero, créeme, y ya te lo dije muchas veces, eras más lista de lo que tú te considerabas. Tu mente era adelantada a tus vivencias y eso se reflejaba en tus actos, en tu amor y en tu cariño. Has sido una persona maravillosa, fuerte y valiente, que has sacado adelante, con todas las vicisitudes de la vida, una familia de cuatro hijos, inculcando siempre la honestidad y el amor. Tanto amor. ¡Oh!, mamá, tanto amor. No me dan las palabras para expresarlo, para poder decir cuánto amor nos has entregado, derramado con tu gracia y, también, todo el que te has llevado. Te quiero tanto.

Perdóname por cuando he perdido la paciencia en alguna ocasión. Sabes que no era yo, quizá, era fruto del cansancio o de alguna preocupación, enseguida se me pasaba y volvíamos a nuestras zalamerías. Qué poca importancia tienen ahora los enfados, que, aunque fueron pocos, ahí han estado. Son parte de las relaciones y de la vida, pero ahora pesan más que antes.

¡Cómo recuerdo tu risa! Siempre estabas sonriendo, a pesar de tus muchos dolores, a lo largo de tu vida nunca has sido una persona quejica. Y tu sentido del humor, tan original y peculiar. ¡Cómo nos hacías siempre reír!

Tengo tu tacto en mis manos, tu piel tan fina y bonita quedará para siempre entre mis dedos. Cómo me alegro de haberte cuidado hasta el último día.

Ojalá hubiera sido de verdad así, hasta ese fatídico día, pero pude compartir contigo todos los demás, toda mi vida. Tu piel, tu olor, tus palabras, tus caricias, tus canciones, ver juntas la televisión, jugar al solitario, colorear dibujos y hacer sopas de letras. Dormir en noches infinitas, cogerte de la mano y observarte mientras te dejabas llevar por Morfeo. Qué bonita y guapa estabas, qué bonita y guapa eres. Siempre lo has sido, hasta en tus últimos días, cuando tu cuerpo se dejaba ver tan desgastado por el paso del tiempo, por lo vivido… Hasta en esos momentos siempre has sido bella. Mi chica guapa.

Te quiero.

Siempre juntas.

Siempre.

22 DE ENERO

Hoy el día se ha despertado de nuevo ventoso. Ojalá que este viento se lleve todo lo malo, todas las preocupaciones, las enfermedades y la muerte. Ojalá ese mismo viento traiga luz y esperanza a este mundo y a esta humanidad, que ha perdido la cabeza.

Mi querida mamaíta, tú ahora eres aún más bella, eres el amor que existe en el aire, en el sol, en el mar y en cada estrella que titila en el firmamento. Espero que te estés acostumbrando a tu nuevo estado inmortal. Tu alma no podría ser otra que una de las elegidas para ascender rápido y formar parte del elenco de estrellas que nos miran desde arriba y nos acompañan desde el cielo.

Sigo estando regular, tengo miedo. No me sueltes, mami.

Nunca imaginé que sucedería así. Y cuánto duele, y dolerá. Jamás te marcharás de mi pensamiento, porque permanecerás por siempre en mi corazón. Formas parte de él, ya que tú lo creaste. Y qué bonito lo hiciste, mamita linda, qué bonito los hiciste, los de todos tus hijos. Desearía que la belleza de las palabras se apoderase de mí, pero la conmoción que siento me puede. Pero lo haré, te prometo que lo haré. Por ti.

23 DE ENERO

En unos minutos comenzará tu misa. A las doce, la hora del Ángelus. Siempre me gustó esa hora del día. Y, en un ratito más, tu cuerpecito anciano y cansado formará parte del universo. Polvo de estrellas.

Esto no es una despedida, esto es solo un «hasta luego». Nuestras almas se volverán a encontrar en la próxima vida. Somos un pack *y estaremos siempre juntas, hasta alcanzar la sabiduría plena.*

El día está algo nublado, pero en este momento acaba de salir el sol. Son señales que nos haces, lo sé. Igual que encender la televisión y ver el programa de Fran de la Jungla; el último capítulo que vimos juntas, el de los tigres. Así como que tu sala, en el tanatorio, sea la misma que la de tu hermana Loli, la número 15, «la niña bonita». Para mí es la señal de que estás bien, de que aún danzas por aquí. Tu ser etéreo está entre nosotros de alguna manera. Y de que subirás al cielo, con los ángeles, a ese lugar infinito, donde serás inmensa luz, esa que irradiabas ya en vida.

Mi querida mamá, te he querido y te querré siempre, hasta el infinito y más allá. No sé si te escogí a ti de mamá o tú a mí de hija, pero es lo mejor que me ha pasado en la vida. Gracias por darme la oportunidad de conocerte y de compartir contigo esta maravillosa experiencia humana.

Siempre.

Todos nosotros seguíamos confinados por la enfermedad. No pudimos asistir al funeral. Una parte de la familia y unos amigos estuvieron allí, acompañándote, en tus últimos momentos en este mundo.

Nuestras primas, Encarni y Mari, acudieron aquella mañana, así como Agustín, el primo con el que crecí y con quien he compartido gran parte de mi vida. También estaba su mujer, M.ª Ángeles, que es para mí una prima más. Ella fue la encargada de leer lo que yo había escrito, una versión algo personal inspirada en el *Esplendor en la hierba*, que a mi madre le gustaba tanto. Adelina, la amiga de toda la vida de mi hermana, y su marido, Vicente, se encargaron de grabar el momento de la despedida, previo a la incineración, después de la misa. Un extraño vídeo con el que intentar consolarnos o, al menos, ayudar a que pudiéramos creer aquello que estaba sucediendo.

Elegimos una foto de hace unos años. Estabas más joven. Una foto en la que sonreías; eso no era una tarea difícil, y con un vestido floreado. Cuánto te gustaban las flores y los colores. Qué guapa, mamá, qué bonita. La canción que sonó fue, cómo no, de Raphael. *Hablemos del amor.* Tampoco fue una tarea complicada, él era tu artista favorito y esa canción maravillosa, esa letra, no podía definirte mejor, mami.

El protocolo COVID no permitía que el féretro estuviese abierto. Tampoco hubo velatorio. Tan solo unas horas antes abrieron la sala para que pudieran entrar quienes hasta allí se desplazaron. Aquellas seis personas, nuestra familia, fueron los ojos y los corazones repletos de lágrimas y dolor que en la distancia por ti lloraban.

Panegírico

Por ti, mamá.
Por tu inmortalidad.

Aunque el resplandor, que en otro tiempo fue tan brillante, hoy esté oculto a las miradas. Aunque mis ojos ya no puedan ver ese puro destello que en mi juventud deslumbraba. Aunque ya nadie pueda devolvernos la hora del esplendor en la hierba, de la gloria en las flores, no debemos afligirnos, porque siempre la belleza permanecerá en el recuerdo.

Gracias al corazón humano por el cual vivimos, gracias a sus ternuras, a sus alegrías y a sus temores. Gracias por todo cuanto me ha otorgado en vida, las flores de mi vientre y el cobijo de un compañero en las frías noches de invierno. Gracias por aquello que me llevo en esta muerte, el amor, que inundará mi alma y la vuestra por toda la eternidad.

Mensaje a mis hermanos tras ver el vídeo

Ya lo he visto. Ha sido demoledor.

No sé si podré volver a verlo. Encontrad vosotros el momento, pero cuanto más lo retraséis, peor será.

Mamá era extraordinaria y un ser de luz maravilloso. Ahora, forma parte del firmamento y de todo cuanto nos rodea.

Os parecerá una tontería, pero me preocupaba pensar que no estuviera bien, que no hubiera encontrado el camino, y necesitaba una señal. Para mí ha sido el que estuviera en el mismo sitio que tita Loli. Ha sido como decir: «ya está en ese lugar. Ha llegado. Están juntas». Y al ver el vídeo, con todo el brutal dolor que me ha provocado, he podido decirle «adiós», más bien, «hasta luego». Es necesario despedirse, aunque sea un trámite aquí en la Tierra, la mente lo necesita. No voy a parar de llorar, no va a parar de doler, y de echarla de menos todos los días de mi vida, pero ahora tengo, siento, la tranquilidad de saber que ella está en paz y en nuestro corazón por siempre, pues ella forma parte de él.

Resumen del informe médico

Mujer de 87 años, pluripatológica (SAHS, FA anticoagulada bemiparina 5000), que ingresa desde urgencias el día 13/1/21 remitida desde el centro de salud por sospecha de covid. Según informe de centro de salud, la paciente desde 12/1/21 se encuentra con dificultad respiratoria junto con clínica de infección respiratoria. T.ª termometrada en domicilio de 37'1° C. El hijo confirma historia, desde hace 2-3 días, tos con esputos, sin fiebre termometrada.

PCR COVID + 13/1/21
Inicio de síntomas: 12/1/21. Fiebre al ingreso 37'7°
Al ingreso: San 99 % con GN 9 L/min; FR 28 rpm.
RX de tórax portátil 13/1/21: No se observan consolidaciones del espacio aéreo. Sin otros hallazgos valorables.

———————————

Durante el ingreso, la paciente es manejada con DEXAMETASONA y oxígeno, ajustado a la función respiratoria, presentando mejoría clínica inicial.

Día +6
Empeoramiento clínico desde el día +4 de la PCR. Paciente más somnolienta, apenas responde con la palabra. Muy taquipneica con signos de disconforme sin ingerir alimentos. Se aumenta flujo de oxígeno y medidas de confort.

El 19/1/21 empeoramiento en 24h de evolución. Se contacta con familiares para informar de la gravedad en un paciente no realizable y se autorizó sedación por consentimiento oral. Se contacta con preventiva para acompañamiento de familiares en el final de la vida, (también con covid+)

19/1/2 Nos avisan por exitus.

–Confirmamos ausencia de signos vitales.

–ECG: asistolia.

–Hora del exitus 12:50h.

–Pendiente de traer DNI por la familia y firmar certificado.

Familia confinada por contacto estrecho, contactamos con preventiva, que autoriza que pueden venir a despedirse.

Diagnóstico principal: INFECCIÓN POR SARS-COV-2.

Circunstancias del alta: EXITUS.

Exitus.

Exitus.

«Después, el silencio definitivo.
Después es darse cuenta.
Después, no está tu mirada,
ni tu voz, ni el calor de tus manos.
Después, no te levantas de la cama, no caminas,
no te sientas, no te mueves más.

Después, no queda nada.
Después es darse cuenta
de que solo ha pasado un minuto
y queda toda una vida».
Gabriela Consuegra

Linternas voladoras

Las linternas voladoras, también llamados farolillos chinos, son linternas de papel aéreas, originarias del lejano Oriente. En el interior de la linterna volante hay una base de parafina, que es encendida para que la llama caliente el aire dentro de la linterna, disminuyendo así su densidad y causando que la linterna se eleve al cielo.

La linterna volante se mantendrá en el aire mientras siga viva la llama.

Los budistas creen que son símbolos de que los problemas y preocupaciones se irán flotando, a cambio, recibirán iluminación.

La luz de la linterna les indica el camino.

He aquí algunas de mis *linternas voladoras,* llamas que traté de elevar al cielo durante aquellos días.

Rasgo en lo más profundo para recuperar las palabras perdidas. Deseo honrar tu memoria más allá del viento, el cielo o el mar, mamá. Te escribo con todo el amor que llevo dentro.

20 DE ENERO DE 2021. UN DÍA DESPUÉS

Tanto amor y tanta luz, que el cielo ya no podía esperar. Gracias por darnos la oportunidad de vivir y conocerte. Siempre en cada uno de nosotros. Te queremos, mamá. Has sido y serás la mejor.

21 DE ENERO

«Creo que quizá estaré un poco más seguro de estar un poco más cerca. Eso es todo. La eternidad radica en comprender que ese poco es más que suficiente».

R. S. Thomas

23 DE ENERO

Gracias por todo cuanto me ha otorgado la vida, las flores de mi vientre y el cobijo de un compañero en las frías noches de invierno. Gracias por aquello que me llevo en esta muerte, el amor, que inundará mi alma y la vuestra por toda la eternidad.

29 DE ENERO

«A dónde irán los besos que guardamos, que no damos…».

Víctor Manuel

Gracias, vida, por permitirnos disfrutar de todos sus besos.

Un mes desde la eternidad. Ya ha pasado un mes desde el silencioso adiós y sigo sin encontrar palabras; tampoco, consuelo. Observo mis manos cada día y las veo temblar por el llanto primitivo de mi alma.

Cómo se recuerda toda una vida… Quiero tatuarme con tus colores de niña chica, tu voz y tu risa. Si hubiera sabido…, te habría dado, hecho, dicho, pero no te cabía más en el equipaje, pues iba colmado de amor y facturado directo a las estrellas. Me has dado la vida, pero me has robado el corazón. Y ahora debe aprender a latir de esta nueva forma; con la fragilidad de la tristeza y, a la vez, con el pulso desbocado de la desesperación. Te echo de menos. Será así hasta el fin de mis días, cuando el recuerdo se hará presente y estaremos juntas por toda la eternidad.

20 DE MARZO

Desde el cielo, desde el infinito, donde eres todo. El amor se expande desde tu alma libre y nos toca el corazón por las mañanas, para que vivamos, y lo acaricia por las noches para librarnos de las pesadillas y, así, abrazados a ti, durmamos. Te echo de menos, mamá.

4 DE ABRIL

Nubes grises cubren este domingo de Gloria y, a pesar del plomizo cielo que se derrama en la ciudad, los pajaritos, abajo, en los árboles, me han arrancado de los brazos de Morfeo. Se me despierta la piel, desperezándose entre pensamientos que giran a tu alrededor, danzarines, realizando piruetas que resultan imposibles para mí. Me estoy acostumbrando a ellas e intento seguir su compás cada amanecer, cuando vuelvo a mirar la vida con los ojos que tú me diste. Te echo de menos. Los geranios siguen floreciendo, son para ti.

IO DE ABRIL

Me pregunto dónde estarás y si puedes verme. Si te sientes bien, feliz, y si ya has conocido a Dios. Me gustaría tanto que me hicieses una señal, algo. ¿Recuerdas que siempre te decía que, cuando te marcharas, vinieras a verme? Casi te asustaba la idea más a ti que a mí, pero me gustaría tanto que ocurriese. Necesito una señal, mamá. No pude despedirme de ti. Te quiero.

A veces me quedo mirando tu foto y me pierdo en mis pensamientos. Esa imagen en la que te dirigías a casa de papá en Melilla. No eras más que una chiquilla sonriente y feliz de ver a su novio. Estabas tan hermosa y radiante. Javi, un amigo, nos ha dicho que pareces una actriz italiana; es cierto, pero tú, mucho más bella. Me pierdo en tu mirada, me pregunto en qué estarías pensando, qué pasaría por tu cabeza en ese momento. Cómo me encantaría saberlo, igual que en muchas otras fotografías, cuando miro tu carita sonriente. Me vienen a la mente las últimas Navidades, en las que hacía tanto frío y te dejamos en la camita para fin de año. Yo te di doce trocitos de uva. Te los iba poniendo en los labios al son de las campanadas, pues estabas toda envuelta, igual que un bocadillo, debajo del edredón. Espero que pidieras hermosos deseos, que se cumplieran, porque yo no las tomé y los míos quedaron suspendidos en el tiempo. Cuando recuerdo esa noche, con todos a tu alrededor, pasando un año *más y dejando atrás el 2020, un año tan tremendo como extraño. Nos adentramos en el 2021 con sigilo pero con esperanza, pensando que nos traería cambios. Y los trajo, vaya que sí. Lo que no podíamos imaginar es que serían de los dolorosos, de esos que te dejan sin aliento.*

Esa noche no lo sabíamos, pero te quedaban diecinueve días de vida, diecinueve, ¡ni un mes! Aquella noche dormí contigo, como otras aún después. Recuerdo mirarte. Recuerdo tocarte. Lo habría hecho mucho más, hasta desgastarnos la piel, por retener aún más, si eso era posible, tu tacto, a ti, todo lo que hubiera podido dentro de mí para siempre.

Cuando comenzó la pandemia, quién iba a imaginar que nosotros, nuestra familia, iba a entrar a formar parte de las estadísticas de contagio y muerte.

Sinceramente, aún no me lo puedo creer. Sigo esperándote, mamá.

«Tú existes, porque yo te espero».
E. Jabès

2 DE MAYO

Primer día de la madre sin ti.
Sin madre.
Dolor y tristeza.
Te echo de menos y no me creo que no estés aquí.
¿Cuándo ha ocurrido esto? Es como si la vida hubiera desaparecido
durante todos estos meses. No le encuentro sentido a nada. Es irreal.
No tengo palabras.

Hemos decidido celebrar el día de la madre, lo haremos siempre
mientras vivamos. Y se me ha ocurrido hacer un regalo a cada uno de
nosotros. Me he quedado tus pinturas y cuadernos. Así que he elegido
cinco dibujos coloreados por ti, los he enmarcado y he escrito una pequeña
leyenda, que pegaré detrás de los cuadritos. Todos tienen un significado,
son caballeros, príncipes y princesas.

Mamá estuvo pintando su propio cuento de hadas hecho realidad,
en el que había: un rey, dos príncipes, dos princesas y ella, la reina. Con
lápices de amor dibujó nuestros corazones y los enmarcó en su vientre.
Coloreó con trazos imperfectos la vida. Y eso hizo que, a su lado, haya
sido para todos nosotros tan bonita, porque, en realidad, mamá era perfecta.
Te queremos, mami. Siempre.

23 DE OCTUBRE

Volveremos a cantar juntas entre las estrellas. No me sueltes nunca, mamá. Nos vemos en el arcoíris. El amor va más allá de lo que somos capaces de comprender. El alma lo guía.

19 DE DICIEMBRE

Existe un dolor al que nadie le pone nombre, porque así parece que no existe… Tampoco yo sé cómo llamarlo. Digamos que la vida es menos vida a partir de entonces y que tu corazón late demasiado o bien deja de hacerlo. Once meses y aún espero verte… Te quiero.

«Me tapo porque el dolor es como la ropa interior,
a veces, se transparenta».
María Leach

Estas *linternas,* algunas de estas *llamas voladoras* que lancé al viento aquellos días, van acompañadas de fotografías que compartí en mi perfil de Instagram. Algunas son de mi madre, eso las hace infinitamente hermosas, ya que superar la belleza que ella poseía es tarea complicada.

Me reconforta mucho pensar que cuando escribo, creo una *llama* que no se extinguirá, que las palabras permanecerán inmortales y que si soy capaz de darles luz, por pequeña que sea, al lanzarlas al viento, existirán para siempre *volando* en el cielo.

Quizá esta sea, en realidad, la única respuesta a por qué escribo este libro.

Diciembre: una noche de escritura automática

Acabo de darme cuenta. El mayor problema de esta situación, de este dolor, es que me resisto. Me resisto a creer que ha ocurrido. Me resisto a aceptar la realidad.

Y mientras me resista, no lo acepto y si no lo acepto, no soy capaz de integrarlo para comprenderlo, y así poder transgredir la situación, que no la pena ni la tristeza, ni el dolor. Eso nunca va a desaparecer.

Entonces, ¿para qué tengo que dejar de resistirme y dejar que entre la verdad?

Pues para poder soltar algo de carga. Para abrazar, para dejar que su alma sea totalmente libre, para que ella no me vea sufrir.

Puede haber pena, tristeza… incluso, dolor, pero podemos evitar el sufrimiento.

Me aterra pensar que, porque yo no soy capaz de tirar hacia adelante, ella pueda sentirse mal, o pudiera retenerla aquí. Esto es nuevo, es otro pensamiento reciente que fabrica mi cerebro para machacarme y no, no dejaré que vaya por ahí.

El alma de mi madre es limpia y pura, ella es un alma vieja y sabia. En esta encarnación había hecho un gran trabajo de campo álmico y se ha marchado con los deberes hechos. Ella se fue en paz con este mundo. Su alma noble y pura cruzó tranquila al otro lado, porque ella ya era luz y amor aquí.

El trabajo ahora es para los que quedamos vivos, para mí.

Ella no quiere verme sufrir, pero ella no está atada a mi dolor, porque yo le entregase mi corazón.

Ella sabe que lo conseguiré y ella me estará ayudando.

Es mi madre, me quiere, siempre lo ha hecho y siempre lo hará, y sé que permanecerá a mi lado, serena y en paz todo el tiempo que sea necesario, para que consiga, también, encontrar la armonía en mi corazón. Todo esto que siento y escribo me acerca cada vez más a ese estado.

Juntas siempre, mamá.

Te quiero, mi chica guapa.

En tu memoria.

2022

He tenido un sueño.
El primer sueño

8 DE ENERO

Querida, mamá.
Hemos pasado los reyes sin ti…

Anoche soñé contigo. Era un sueño raro, porque estabas, pero no te veía. Sabía que eras tú, te llevaba del brazo a mi lado e íbamos caminando desde la antigua casa de la puerta 3, hasta un lugar, desde donde se veía una pequeña playa y el mar. No bajamos, nos volvimos a casa felices de saber que el mar estaba tan cerca, caminando a unos escasos quince minutos. Parecía que me hubiera trasladado de casa, la cual tenía una especie de patio trasero que salía a la calle. Y eran calles muy extrañas, muy entrecruzadas. Había terrazas de bares y yo te decía:
—Mira, la gente va sin mascarilla.
Seguíamos caminando, porque teníamos curiosidad, ya que todo parecía nuevo, hasta que llegamos a una calle que estaba más alta que las demás y abajo se veía la playa en forma de concha y el mar. Yo te dije:
—No sabía que teníamos el mar tan cerca cuando vivíamos aquí. De haberlo sabido entonces… ya verás cuando se lo diga a todos, que podemos venir caminando.
Y nos volvimos, pero nos equivocamos de calle y yo te dije:
—Tranquila, que yo sé volver, solo son unas calles más. Hemos dado un rodeo.

Al final llegamos y, en ese momento, me desperté.

He buscado el significado de playa, mar, casa antigua, como hogar, y madre fallecida. Y el mensaje de todo es… bueno, mi conclusión al unirlo todo:

Nostalgia. Echar de menos a alguien. Amor incondicional. Dilema interno entre lo racional e irracional.

«El día siguiente es el más duro. El día siguiente, que no se acaba y amenaza con alargarse para siempre. Sé que cuando abra los ojos, veré por primera vez un mundo en el que tú ya no estás. Por favor, no me despierten».

«Ha pasado un minuto y queda una vida.»

Gabriela Consuegra

El primer día después del año de su funeral

Ha sido como cruzar una puerta, una pared, una niebla densa; quizá, un portal de esos formado por una materia acuosa, que tanto aparece en las películas de ciencia ficción. Quizá, haya cruzado un puente. Quizá, un océano, un túnel bajo una montaña o es posible que haya atravesado mi propio corazón a causa del recuerdo.

Hemos dado una vuelta entera al sol o como tú decías «al solesito», pero lo hicimos sin ti. Y no siento que haya llegado a ningún lugar. No me encuentro mejor. No ha dejado de doler. Sigo sin comprender, sigo negando tu ausencia, porque sigo sin creerlo. No sé cómo ni cuándo ocurrió. Cómo pudo suceder. Hasta que no consiga acallar estas voces sé que no habrá acabado el duelo, no podré avanzar. Pero no me rendiré, no lo haré por ti, por tu amor, el que me dejaste, y el yo que te di. He cruzado al otro lado del año, pero lo único que siento es que me he enlodado un poco más, porque la distancia se alarga de la no despedida. Por las palabras acalladas, por el llanto de no haberte visto, de no haberte acompañado. Ayer, mi compañera, M.ª José, me envió un vídeo. Hablaba de aquello que pedirías si solo pudieras pedir un deseo, uno solo. Y pedía volver a ver a la persona que se marchó para poder despedirse y darle un último beso. Coincidimos, ambas lo hicimos. Eso es lo que pediría, poder verte una última vez para poder darte un beso y despedirme de ti, sentir que cierro el círculo de una manera natural, con tu abrazo, tu sonrisa y tu caricia. Te quiero tanto, mamá, y te echo tanto de menos que mi corazón se estremece ante ese sentimiento. A veces, hace cosas extrañas, late más deprisa, salta dentro de mi pecho, da volteretas, como yo hacía de pequeña sobre tu cama, arrugando la colcha. Él lo hace ahora arrugando mi alma y quiere salir a buscarte, tomando fuerza sobre el trampolín de mis costillas; eso creo, porque a veces siento que se me va a salir del pecho. Otras veces, escucho más latidos dentro de mí. ¿Son los tuyos, mamá?

Ya he cruzado al otro lado de la línea del tiempo, como en una grandiosa odisea. Un año no es nada y a la vez es tanto tiempo, como un océano en el espacio. Son tantos días vacíos sin ti, sin tus caricias, sin tu voz, sin tu sonrisa. Son tantos sin poder tocarte, mirarte, observarte dormir, siempre tan plácida y tranquila. Tu corazón estaba en paz y saber eso me alivia. Sé que te marchaste con el alma serena y el corazón rebosante de amor.

Un año es tanto tiempo y es nada a la vez. Pienso en mis casi 49 años (dos meses más y hubiéramos celebrado juntas nuestras bodas de oro) sumados a los 8 meses de gestación y son tan pocos años junto a ti. Pero se ha convertido en lo único que tengo, en toda mi vida compartida contigo. Ahora mi mente interfiere entre las voces de nuestras almas, pero nada puede acallarlas; ellas hablan, conversan; ellas se llaman, ellas se tocan con sutiles roces brillantes. Estamos unidas desde que me engendraste, quizá, mucho antes. En algún lugar de mis recuerdos permanecerá la calidez de tu vientre, el sonido de tu voz amortiguado por ese pequeño mar que nos unía y esa luz cálida y rosada que iluminaba mis días dentro de ti. En mis recuerdos habitará el amor que destilaban tus venas y con el que me alimentabas. En mi recuerdo se haya tu voz, susurrándome que mis hermanos mayores me esperaban afuera, junto con la hermana que tanto me reclamaba.

¡Quiero una hermanita! Y mi papá, que tenía ganas de conocer a su otra niña, la pequeña, la que sería tan mimada por todos, aquella que se quedaría pegada a tu falda y no se separaría de ti jamás. Jamás. Todo ello existe en algún lugar dentro de mí.

26 DE FEBRERO

He leído ya varios libros relacionados con el proceso de duelo. Entre ellos, los hay de los que no hablan de él como tal, desde un punto de vista clínico, de cómo superarlo, de sus fases, de lo que representa en diferentes culturas y religiones, sino que lo hacen sobre historias personales, muy íntimas, que narran el duelo desde las entrañas, desde el dolor del alma y de un corazón que se fragmenta. Desde la oscuridad. Cada uno de ellos ha sido concebido con una voz distinta, personas con situaciones y circunstancias diversas que se han desbordado ante el dolor brutal de la pérdida, que se han desplomado sin remedio, inertes ante la tristeza, envueltas en una pena que no te mata, te mantiene con vida en una de esas noches oscuras del alma que se eterniza. Todas coinciden en el dolor: una emoción, un sentimiento universal. Sea quien sea a quien hayas perdido, el lenguaje del sufrimiento es el mismo y todos lo entendemos, porque todos, en un momento de nuestra vida, nos veremos obligados a mirar de frente a ese monstruo que nos engulle y nos asfixia. Una mano que nos arrastra hacia la oscuridad de una forma inevitable. Pero no todo el mundo lo vive exactamente de la misma manera, cada uno lleva su proceso como sabe, de la forma que puede con lo que tiene. Y no, no me refiero a lo material, sino a aquello que no podemos ver a través de los ojos. La relación con el ser que se marcha, la forma, las circunstancias, el momento vital que atravesamos y otros tantos detalles serán los que dictaminen la forma en la que nos enfrentaremos a ello. En ocasiones, se tratará de una actitud provocada por miedo al sufrimiento, pero lo cierto es que atravesar el sufrimiento es el único camino conocido para sanar de verdad.

Quienes decidimos expresar nuestros sentimientos a través de la música, la pintura, pero, sobre todo, con la escritura nos abrimos en canal para mostrar nuestras emociones más profundas, incluso, diría que muchas veces podrían resultar casi inconfesables. Nos lanzamos a compartir algo tan íntimo, tan brutal, grandioso y excepcional que habita dentro de nuestro corazón, que el resultado solo puede dar a luz una semilla que se alimente y crezca en belleza, en amor. Y esto nos proporciona paz y serenidad. Calma el estado doliente, al mismo tiempo que lo nutre del amor, que se expande de dentro hacia afuera y viceversa. Al principio de contemplar esta idea, como me ha venido ocurriendo tantas veces que tan solo al hablar de ello con algún amigo o conocido, pensaba, sentía, que lo frivolizaba, pero esto ha cambiado tras una de estas maravillosas lecturas que he descubierto en este proceso a través de mis lágrimas y, después, con mis propias palabras escritas. Me di cuenta de que había sido casi tan eficaz como un abrazo y mucho mejor que una pastilla.

«Confieso que durante muchos años consideré que era una indecencia hacer uso artístico del propio dolor (…). Para mí, era como si estuvieran de algún modo traficando con esos dolores que deberían ser tan puros. Pero luego, con el tiempo, he ido cambiando de opinión; de hecho, he llegado a la conclusión de que, en realidad, es algo que hacemos todos (…). En el origen de la creatividad está el sufrimiento, el propio y el ajeno.»

Vi mi reflejo ahí, en las palabras de Rosa Montero y, también, mi necesidad de compartirlo, como una exorcización de la tristeza. Vi y sentí como el amor de mi madre crecía de forma inconmensurable para esta vida mortal. La escritura nos inmortaliza. La escritura nos hace eternos. Y ella, ahora, lo es aún más, al igual que todas esas almas escritas con la tinta de nuestras lágrimas. Escribimos por ellos y ellas, por su inmortalidad y su vida eterna.

«Ahí radica la esperanza. La esperanza de que aquello que me diste crezca en nosotros, si me veo capaz de compartirlo. Sé que mi amor crecerá en fuerza y belleza, porque ahora incluirá el tuyo».

«Si la muerte te quita algo, devuélvelo».
Naja Marie Aidt

«El arte es una herida hecha luz».
Georges Braque

5 DE MARZO

Ocho días transcurrieron desde que comenzó a manifestarse todo. Seis para ella.

¿Qué son unos pocos días a lo largo de toda una vida, cuando para traer una al mundo, la espera, se traduce en más de doscientos?

Cuando culminó el año desde su marcha, desde su partida (aún no soy capaz de escribir esa realidad a día de hoy y, mucho menos, pronunciarlo), quise enfrentarme a esos momentos de la única forma que sabía y que, por todo cuanto había leído hasta el momento sobre el duelo, me parecía la apropiada. Una manera que podría ayudarme a salir del pozo de la tristeza, a comprender lo que me estaba sucediendo y ser capaz de colocarlo en el lugar donde debía estar.

Quise coser con mis palabras la herida, cerrar un poco más el cráter abierto en el que se había convertido mi corazón. Lo intenté, pero no pude. Mi idea era enfrentarme a cada uno de aquellos días a través de un escrito. Páginas en las que plasmar lo que recordaba, lo que había sentido. Solo pude hacerlo de tres de ellos, como se refleja al principio de este libro. Ni siquiera me aproximé al de su partida. Me rompí, caí en la misma profundidad, en el mismo pozo que entonces, quizá, incluso peor, porque era mucho más consciente de lo que había sucedido. Durante aquellos oscuros días, con la enfermedad cebándose en mi cuerpo y la tristeza enrollada en mi corazón, todo resultaba una maraña borrosa de emociones. Me movía, más bien, me arrastraba en una nube de irrealidad. Ni siquiera podía ser muy consciente de lo que estaba ocurriendo, porque me encontraba aislada y sola en mi casa. Era una pesadilla, una película que observaba desde mi estado febril y desolado. Para nosotros, igual que para muchas otras familias, fue un tsunami, y eso no se puede olvidar.

Incluso, creo que es necesario recordarlo. Pero esto no todo el mundo lo comprende, no igual que cuando lo vives de primera mano. Nadie sentirá tu dolor de la misma forma que tú, nadie puede ponerse en tu piel, al igual que yo no puedo ponerme en la de otra persona. Es imposible saber qué y cómo se siente aquel que ha pasado por una situación traumática. Lo mismo ocurre cuando se trata de una situación alegre y feliz. Podemos empatizar, pero nunca alcanzaremos a conocer la profundidad de la herida que llevamos dentro. De esto habla maravillosamente Rosa Montero, en su libro *La ridícula idea de no volver a verte*, lectura que recomiendo, junto a muchas otras al final de estas páginas, para quien se encuentre en un proceso de duelo o, sencillamente, le gustaría adentrarse en estas lecturas, siempre enriquecedoras.

No siempre resulta fácil aventurarnos desde fuera para intentar dar ánimos. Lo hacemos con la mejor intención de ayudar a esa persona que vemos sufrir, pero, en muchas situaciones, lo único que conseguimos es que el doliente se sienta aún más solo e incomprendido. Y esto lo puedo comprender ahora que me he visto en los dos lados: como persona que atraviesa un duelo y, también, como acompañante. He de reconocer que es de todo menos sencillo saber qué hacer o decir. Palabras de aliento, así se llaman, como, por ejemplo: «Es ley de vida», (esta frase me rechina por dentro y por fuera desde entonces); «Era muy mayor, ya le tocaba», etc. Solo consiguen que el vacío se agrande tanto, que te absorba y termines por desaparecer. Y no soy un caso excepcional, le sucede a la mayoría de las personas en duelo. A veces, no somos conscientes del poder que albergan nuestras palabras, de las catástrofes emocionales que se pueden provocar, en ocasiones, incluso desde el amor más genuino. Esto lo refleja perfectamente en su libro *El mensaje de las lágrimas* Alba Payàs.

Con el corazón en la mano os digo que me siento muy agradecida por todas esas palabras, por lo que se encontraba realmente agazapado tras ellas: el corazón de aquellas personas que las pronunciaban, mi familia, amigos y conocidos. Algunas de ellas permanecen a mi lado de forma incondicional, esperando en silencio el momento de atraparme en un abrazo. Los dolientes, en realidad, solo necesitamos, en la mayoría de los casos, saber que hay alguien ahí, que apretarás el botón rojo de emergencias y aparecerá el salvamento que necesitas.

Yo todavía me siento en pañales en este proceso, pero me doy perfectamente cuenta de que se trata de un camino solitario, igual que cualquier otro de autoconocimiento y transformación. Al fin y al cabo, creo que se trata un poco de esto: vivir el duelo hasta conocerlo y aceptarlo.

«El duelo es una puerta hacia una nueva búsqueda.
Es una puerta hacia una rotura interior que deja salir
valores nobles, humildes, rendición ante la vida
y hacia un crecimiento integral y profundo
de un ser humano. El duelo es un misterio.
Estamos diseñados para vivir y pasar por el duelo».
Fuente: Internet

Aunque todo esto no es más que mi punto de vista, mi experiencia personal.

A pesar de no haber podido escribir tal y como yo esperaba sobre aquellos seis días fatídicos, no abandoné la idea. Sabía que era la manera, la catarsis que necesitaba, pero decidí hacerlo sin prisa, al ritmo que me pidiera mi cuerpo y mi corazón. Él, con sus latidos, haría de metrónomo e iría marcando el ritmo, creando la armonía necesaria para seguir adelante.

Escribir sobre mi proceso de duelo me salvaría y, a su vez, honraría la memoria de mi madre. La inmortalizaría y conseguiría despedirme de ella a través de las palabras que brotaban desde mis entrañas. No es un camino fácil, pero ¿acaso alguno lo es? Lo que sí tengo claro es que será y está siendo bello, triste pero bello. Para mí, no son incompatibles, los encuentro, incluso, como dos *sentimientos* que se nutren, en muchas ocasiones, el uno del otro y esta es una de ellas. Mi deseo es que las palabras, que tanto respeto y son tan importantes en mi vida, puedan llegar a representar la belleza del amor que siento por mi madre, aunque haya sido a través de la tristeza de su pérdida, por donde han llegado a hacerse reales y visibles.

El último sueño

Hoy he vuelto a soñar contigo.

Soñé que estaba en la habitación con Eli, cada una en su cama, pero no era una habitación conocida. También estaba Tobías, a los pies de la cama. Le veía las orejitas. Y entonces, llegaste tú para despertarme. Te pusiste sobre mí y me dijiste:

—Mari, son las ocho y media.

Y te ibas. Y yo te dije que volvieras para abrazarme. Y lo hiciste. Fue un medio abrazo, porque estabas inclinada sobre mí con un brazo apoyado sobre la cama, pero yo te abrazaba muy fuerte. Tenías el aspecto de finales de los ochenta. Llevabas aquel batín satinado, oscuro, con flores de colores. Era suave. Tú eras como etérea, al menos, lo recuerdo así. No lo sé muy bien. Y entonces ha llegado Eli con Tobías y me han despertado.

En este sueño pude abrazarte y sentirte una última vez de forma física. Dicen que las personas fallecidas se comunican con nosotros a través de los sueños; quizá, viniste para que pudiera despedirme de ti. Mis hermanos ya habían tenido estas experiencias en varias ocasiones, ellos te soñaron. Yo lo deseaba tanto, que mi hermana muchas veces me decía que no sucedía porque estaba demasiado ansiosa y no me relajaba. Pero, al final, sucedió. Dos sueños. Dos únicos sueños.

Gracias por venir a verme, mamá.
Te sigo esperando siempre que quieras y puedas.

16 DE ABRIL

El proceso de duelo no te mata, pero he leído que existe una dolencia cardiaca acuciada por la pena: el síndrome de *Takotsubo*[1]. Esta afección se da en casos de pena extrema, donde el individuo sufre realmente una patología cardiaca que, normalmente, resulta pasajera, aunque hay casos en los que puede llegar a ser mortal. Supongo que a esto se refiere la gente cuando dicen que alguien muere de pena, porque, desgraciadamente, llega a suceder en la realidad.

Vivir con un dolor tan grande tras la pérdida de un ser querido, es vivir en un lugar de tortuosa tristeza. Se trata de la ley de vida más horrible e injusta que pueda existir. Una ley que, desde que nacemos, se cierne sobre nosotros, aunque nadie te hable de ella, hasta unos años después y siempre de una manera imprecisa o camuflada. Crecemos con la verdad de esa ley a la espalda y caminamos hacia ella queramos o no.

★★★★★

---

[1] En japonés, takotsubo significa «trampa para pulpos». Este nombre viene porque la forma del corazón se asemeja mucho a la que tienen las trampas que se utilizan para atrapar a estos cefalópodos. Se trata de unas vasijas de barro, con el cuerpo ancho y el cuello estrecho, por donde estos curiosos animales se introducen pensando, quizá, que son rocas.

Aquella mañana de sábado, sin yo saberlo aún, cuando escribía esto en mi diario, otra alma bella estaba abandonando este mundo. Mi querido Josep.

Esto es para ti, con todo mi cariño.
Sé que a mi mamá le gustaría.

Quizá, me haya vuelto loca poniendo fotografías tuyas por toda la casa. No dejando para mañana ningún recuerdo en mi corazón. Intento que nada se pierda, que todo quede almacenado en un frasco que guardo en mi interior. Lo he rellenado con fragancias que adornaban nuestra juventud. Con el sabor de las tormentas en verano. Con las guirnaldas de colores y con la luz del atardecer. Con el sonido de los vencejos, cortando la brisa en primavera. Con la excitación que dos enamorados experimentan al volver a verse cada nuevo día. Con la ilusión. Guardaré también tu maravillosa sonrisa, que me alegraba el corazón, con las manzanitas que la lindaban en tus arreboladas mejillas. Tus manos preciosas posándose sobre las mías, tan fuertes y que tanto me gustaba acariciar. Eso se convirtió entre nosotros en la más sublime de las delicadezas. Tus gestos, que reconocería entre un millar de sombras, al igual de cada curva y recoveco de tu cuerpo, así como tu tacto bajo mis dedos. Meteré en ese frasco la forma en que me mirabas a solas o en una habitación repleta de gente. Todo desaparecía a nuestro alrededor y nos quedábamos solos, inertes en un baile de miradas. Te guardo enamorado, te guardo feliz, porque así es cómo te recuerdo, a pesar de las tan dolorosas y tristes despedidas. Guardaré todas las palabras; aquello que dijimos y lo que quedó en el borde de nuestros labios. Guardaré tus besos tiernos y apasionados; aquellos que me pediste y los que me robaste con la locura de la pasión. También guardaré el dolor y la tristeza, la frustración y la decepción de lo que no pudo ser. Perdimos esa batalla, lo intentamos. Dios sabe qué lo hicimos, hasta quedar exhaustos. Al final, solo hubo un camino posible. Se nos rompieron los sueños. Porque eso también forma parte de la vida, de nuestra historia, repleta de imperfecciones, de vacíos y también de espacios colmados de amor, hasta rebosarnos la piel. Sí, el amor supo encontrar la manera de no alejarnos y abrazar una nueva etapa de nuestras vidas: la amistad, una que poseía los cimientos más bellos posibles. Todo esto hemos sido, y mucho más, que no cabe dentro de las palabras. Aquello que nace y crece en el alma.

Ese lugar en el que te asomaste un día, curioso, observando algo que llamó tanto tu atención, que te quedaste a vivir ahí durante un tiempo. En la realidad, en la mía, al menos, es que fue para siempre. Me viste de verdad, allí donde alargaste la mano para levantar mi barbilla y mirarme a los ojos. En una ocasión me dijiste que no los bajase nunca, que no dejase que nada ni nadie me arrebatase ese brillo que desprendían. Así eras tú, aunque solo pueda mostrar un poco de ti, porque la inmensidad de la que estabas hecho es infinita. Eso y todo lo demás que te has llevado de nosotros y de ti mismo. Porque eras un ángel humano. Un singular, especial y único ser de carne y hueso, que caminaba sobre el mundo sin perder jamás la luz de su corazón.

Para ti, Josep, mi Sepe.
En tu memoria eterna e infinita.
Te quiero, siempre.

Fragmentos rotos

No sé cuánto tiempo dedico al día a pensar en ti, mamá. Probablemente, un psicólogo diría que demasiado. Ellos saben medir esas cosas. Como cuánto debes llorar, qué cantidad de miedo resulta prudente para no cometer locuras. Ellos conocen el hipocampo, el reptiliano y toda esa colonia animal que existe dentro. Saben qué hacer para que no te acabes rompiendo, desmontando tu vida o la de quienes te rodean. Lo sé. Sí, ellos son especialistas y hacen muy bien su trabajo, pero ¿hasta dónde se puede llegar a conocer, en realidad, lo que siente o sucede dentro de la mente de una persona? O, para rizar el rizo, ¿en su alma? Nos hemos, incluso, atrevido a cuantificar el peso del alma: 21 gramos. Dicen que esto es lo que se pierde al fallecer, ese último aliento y la vida se escapa para siempre entre las rendijas de nuestro cuerpo.

No creo que sea cuantificable el peso de la vida, sinceramente, pero resulta romántico pensarlo así. Que se pudiera percibir, en ese último suspiro, cómo se separa del cuerpo aquello que le proporcionó el sustento para su existencia. Pues no somos un cuerpo que lleva dentro un alma, sino que somos un alma dentro de un cuerpo. Y esa alma seguirá viva, creciendo y expandiéndose en el universo.

Eres tú

Son tus alas
las que mece el viento.
Es tu brillo
el que con un aleteo
se posa sobre las olas del mar.
Son tus colores,
dulces y vivos,
los que el sol pinta al alba.
Eres tú
la mariposa
bella y delicada
que observo
danzar libre
alrededor de mi ventana.
Es tu alma, mamá,
quien me saluda
y me ayuda
a despertar cada mañana.

26 DE JUNIO

Llevo hablándote, escribiéndote, cada mañana desde que te marchaste. Va a hacer un año y medio ya, y sigo sin creerlo. Sigo preguntándome siempre: ¿cómo es posible? ¿Cómo es posible que no estés aquí, mamá? Aun siendo ya una mujer anciana, con los achaques típicos de la vejez, nunca quise o supe enfrentarme de una manera consciente y realista a la circunstancia de que un día ya no estarías. Sí, a veces lo hablaba con mis hermanos o con alguna amiga, pero no lo decía sintiéndolo de verdad en mi corazón. Una madre, aunque sabemos que se marchará antes que nosotros, los hijos, si todo transcurre según ese orden natural de las cosas, nunca estaremos preparados, tengamos la edad que tengamos, para experimentar la orfandad. Al menos, yo no lo estoy para lo que significa que desaparezca la persona que me ha dado la vida. Esa persona que te ha cuidado hasta, en ocasiones, priorizar siempre tu vida antes que la suya.

Cómo se avanza, día tras día, sabiendo que la persona que te ha creado ya no existe. ¿Qué sentido tiene ahora mi existencia?

«Busco respuestas en mis propios pensamientos. Escarbo en mis recuerdos, en mis miedos y mis tristezas, porque sé que soy, de alguna forma y de muchas, una extensión de su alma. Soy lo que queda de mi padre», dice Gabriela Consuegra en su libro.

Este pensamiento me consuela desde mis células y alivia el dolor que sufre el cuerpo con el desgarro del final de una vida que estaba unida a la tuya.

Sé que todos pasamos por esto o la inmensa mayoría. Sé que perderemos a nuestras madres en algún momento de nuestras vidas, hay quien demasiado pronto, siendo un niño o joven adolescente, lo sé, y sé que he sido muy afortunada de tenerla a mi lado hasta mi edad adulta, pero lo cierto es que, a partir de ese momento, me quedé huérfana y lo seré para el resto de mi vida.

KAHU

En hawaiano significa muchas cosas, entre ellas: guardián, cuidador, acompañante. Básicamente, significa alguien dedicado al cuidado de algo precioso, valioso, apreciado. Un *kahu* lo que protege no es su propiedad, lo que ellos protegen es parte de nuestra alma.

Haber podido cuidar de ella hasta el final, al menos, hasta el final que la pandemia nos dejó, ha sido un regalo. Y doy gracias por ello, porque, aunque siempre me he sentido muy unida a mi madre, durante estos años, en los que necesitaba todos nuestros cuidados, he experimentado una comunión con ella mucho más íntima y hermosa. Podía sentir, en lo más profundo de mi corazón, el deterioro que sufría, su vejez y el desgaste de los años, que le impedía caminar, pero, aun así, nunca la vi rendirse ante el desánimo ni llorar, al contrario, jamás dejó de brillar.

Para ella, no era tan horroroso como lo hubiera sido para otras personas. Poseía ese don.

Mi madre era una mujer valiente, con una sabiduría y madurez emocional que ella nunca creyó poseer, pero que sí desprendía. Ella sabía aceptar y encajar las cosas que la vida le traía con la voluntad de alguien realmente sabia. A veces, se encontraba algo cansada de esa situación, es cierto, pero se trataba de momentos muy puntuales. Nos decía: «¿Cuándo me voy a curar?». Entonces, le dabas un beso, un abrazo o le soltabas una carantoña y, rápidamente, se le olvidaba, porque le daba mucho más valor a nuestros gestos de amor. Ella echaba de menos hacer las cosas de su casa, como decía siempre, o coser y hacer ganchillo, su *croché*.

Mi madre era sencillez y bondad en estado puro.

Siempre admiraré hasta el infinito la capacidad de resiliencia que poseía, su disposición para enfrentarse a las circunstancias, fuesen las que fuesen. Ella sabía aderezar la vida con su muy particular toque de inocente picardía. Una extraña combinación que le otorgaba un sentido del humor rebosante y original. Muchas veces pensábamos que mi madre no pertenecía a este tiempo ni a este lugar. Ella gozaba de un ávido deseo por aprender, de saber más. Ay, Emililla, si hubieras tenido la oportunidad de estudiar, habrías destacado sin duda alguna. Esa espinita te quedó clavada, mami. Todo ese poder, esa ansia de conocimiento, que no te fue posible promocionar por las circunstancias que te rodearon, lo canalizaste en el amor por tu familia. La explosión fue de tal magnitud que se impregnó toda tu vida mortal y también la nuestra.

Algo que nunca le faltó, aunque a veces le flaqueara un poco el brillo en momentos difíciles, fue la ilusión. Creo que de eso trataba de verdad su don.

Ay, mamá, no puedo echarte más de menos. Si lo hiciera, perdería la cordura.

El superpoder de mamá

Cuando era una niña, yo no lo sabía, pero mi madre era un ser mortal, alguien que, como todos en este planeta, un día se marcharía para siempre.

Pero en mi inocencia, en mis células y en mi piel no existía ni rastro de que mi madre no fuese otra cosa que una superheroína y que, por supuesto, albergaba en su interior muchos poderes. En mi lógica infantil pensaba que alguien que por arte de magia estaba siempre ahí cuando yo lloraba y que me curaba las heridas con su saliva sanadora, a ver, era un hecho, era algo indiscutible: ¡mi mami tenía superpoderes!

Mi madre sabía hacer que la vida fuese más bonita: cantaba mientras cosía, me hacía ponche en invierno y me besaba en la frente para bajar la calentura. Mi madre me compraba lápices de colores y libretas a rayas. Mi madre me limpiaba las lágrimas chupándose el pulgar y frotándolo fuerte en los churretones de mi cara, quizá, provocados por alguna injusticia universal entre mis juguetes. Mi madre era la única persona en el mundo que sabía cómo cocinar un pollo cojo que había estado en la guerra; lo hacía con patatas, manzanas y champiñones para que no se sintiera solo. Mi madre me cogía la mano y el mundo se transformaba en un jardín secreto en el que las flores cobraban vida y nos saludaban a nuestro paso. Ella soplaba la cuchara con sopa caliente y así estaba más sabrosa. Mi madre sabía apaciguar mis miedos y que mi corazón se acompasara al suyo. Mi madre sabía calmar cualquier enfermedad con tan solo acogerme en su regazo o debajo de su brazo «como las gallinitas a sus polluelos», me decías. Ella era como una loción calmante sobre la piel después de un día bajo el sol abrasador del verano: alivio inmediato con tan solo su presencia.

Su olor era siempre una mezcla entre dulces de Navidad, guiso y pintalabios de Guerlain, que, al respirarlo, hacía desaparecer el dolor de tripa y te dibujaba una sonrisa. Mi madre era, y es, mi luz, mi guía, un ejemplo a seguir. Una mujer que tuvo que enfrentarse a una vida muy dura, en una época en la que la mujer no tenía voz. Pasó por las consecuencias que dejó la Guerra Civil y las vivió siendo una niña y, bueno, mucho más. Aun así, no desfalleció nunca ni perdió la sonrisa preciosa de sus labios ni de sus ojos. Mi madre aprendió, y se impregnó, de todo lo que pudo para enseñarme y enseñarnos. Cuando fui por primera vez a párvulos yo ya sabía escribir las letras. Ese día, el primero que me dejó en un colegio, me agarré tan fuerte a su vestido de flores color verde que se lo rompí. *La mujer de verde.*

Creo que la primera vez que fue consciente, que sintió su superpoder correr por sus venas, fue en el preciso instante en el que un médico, ante la inmensa barriga de su primer embarazo, la acusó de no saber contar las faltas de su menstruación. «Para una cosa que tienen qué hacer y no saben», dijo el médico. Mi madre, la heroína de esta historia, sí sabía contar y los meses se correspondían con su estado de gestación, pero en lugar de un feto, llevaba dos. Mis hermanos mayores. De manera que, uno de los poderes, uno de tantos, en este caso, el que viene de serie cuando una mujer desea comenzar el periplo de ser madre, se activó. Ese milagro que es la vida no sería sin las madres. Y la mía era y será por siempre extraordinaria.

Ella siempre estaba ahí para mí, para todos nosotros. Alargaba la mano en la oscuridad y podía encontrar la suya.

Yo tomé su mano tantas veces cuando era una anciana, todos lo hacíamos, y, para mí, seguía siendo igual de reconfortante que cuando era niña. ¿Lo sería para ella en esos momentos? Cuando dormía a su lado y metía mi mano bajo las sábanas buscando su cuerpo, cualquier parte, me daba igual, solo quería tocarla, sentir que estaba ahí y que ella supiera que yo no la abandonaría jamás. Ninguno de nosotros lo haría. Cuando la bañaba, recorría su cuerpo entero con mis manos y la besaba allí donde fuese y le daba mordiscos en la cadera, en el culete y hasta le hacía pedorretas en la tripa. A veces, se quejaba, sobre todo, por el frío o las cosquillas. «Anda, Mari, guapita, déjame ya», pero enseguida se le transparentaba una sonrisilla detrás de sus aún carnosos labios y acababa muriéndose de la risa. «Cómo eres, Mari, dame un beso». Esto, esto no tiene precio.

Todo eso me llevo yo de ella, el poder cerrar los ojos y transportarme allí, a su piel fina, suave y delicada. Me reconforta saber que ella se marchó con la maleta repleta de amor, envolviéndola como un manto de estrellas y con su cuerpo colmado de besos y bocaditos. Mis labios quedaron atrapados en su piel por toda la eternidad. Me parece el mayor regalo que ambas, en aquellas circunstancias, nos pudimos hacer.

Volvería a actuar como lo hice, volvería a tomar las decisiones que tomé para que ella viviera feliz los últimos días de su vida junto a nosotros, para que ella se llenara de lo más valioso que poseía: sus hijos, su familia. Lo éramos todo para ella, junto con mi padre, y se lo entregamos todo de corazón. No me arrepiento de ningún beso, de ningún abrazo que le di bajo el yugo de la pandemia, ojalá le hubiese dado muchos más. Si hubiera sabido el poco tiempo que le quedaba, no habría dejado de hacerlo. Ella se merecía estar y sentir el amor de su familia y de sus hijos, solo eso poseía y solo eso deseaba. Postrada en una cama desde hacía unos años, lo único que le sacaba una sonrisa y con quien estaba feliz, en ocasiones, hasta el delirio, era con nosotros. Por eso, cuando alguien me dice «Quizá debisteis haber extremado el tema del aislamiento con ella», yo respondo que no, con total convicción. A mi mamá, desgraciadamente, ya no le quedaba mucho tiempo, estaba tan frágil… Cuatro meses atrás, en septiembre, casi nos dejó. Nos dio un buen susto y con aquel episodio en el hospital sufrió un desgaste muy grande, su salud se vio bastante más afectada y el deterioro físico fue notable. Su debilidad era visible y si se mantenía estable era porque la llevábamos entre algodones.

Un día, sin nosotros saberlo, en la manipulación al moverla o bañarla, algo se rompió dentro de ella, una pequeña vena, y tuvo una hemorragia interna que no se detectó hasta varios días después, cuando casi ya era demasiado tarde.

Recuerdo estar sentada junto a ella en la ambulancia. El sonido de la sirena de los servicios de emergencias suele provocarme, desde hace tiempo, un pequeño pellizco en el estómago, pero escucharla desde dentro, cuando aquello por lo que grita a toda velocidad atravesando las calles de la ciudad es lo que más quieres en la vida, resulta lo más aterrador que escucharás jamás.

Veía cómo se le iba la vida. Su tez pálida, los ojos cerrados y hundidos en las cuencas violáceas, hasta el puente de la nariz se dibujaba de un color azulado oscuro. El episodio que mi hermana y yo habíamos vivido minutos antes en casa había estallado en un pánico sordo, pero supimos actuar rápido, a pesar del pitido en nuestro cerebro. No tuvimos opción. También el médico que vino de urgencias del ambulatorio a través del 112 (deseo dejar constancia de la delicadeza y comprensión con la que me atendió la persona al otro lado del teléfono, pues yo estaba fuera de mí) fue quien dijo que aquello no podía esperar.

Llegamos al hospital Dr. Pesset y, rápidamente, se la llevaron adentro. Yo entré en *shock*, me venció el monstruo. Un ataque de ansiedad y pánico se apoderó de mí y caí al suelo de rodillas llorando e implorando que la salvasen. Mi mundo se desmoronó, se deshacía ante mí como si se tratase de arcilla que se mojaba cada vez más con mis lágrimas.

Y la salvaron. Unos héroes la salvaron.

Si no hubiera sido por la Dra. Rosana Amat, mi queridísima y apreciada amiga, que era residente en ese momento de radiología, aquel terremoto que asediaba la vida de mi mamá habría arrasado por completo su cuerpo y nos habría devastado. Ella fue el ángel de la guarda que guio y cuidó de que se hiciera todo lo posible por ella. Mi agradecimiento y el de toda mi familia nunca será suficiente. Nos diste más tiempo juntos y eso no tiene precio. Gracias de todo corazón, Rosi, lo que hiciste fue magia.

Solo existen estas pocas palabras de aquello; por entonces, no llevaba un diario tan riguroso. Aún.

34F2

Esa pegatina en mi vestido era la llave para poder tocar y abrazar a mi madre. Nunca imaginé que podría pasarle algo así en la fragilidad de su cuerpo. Siempre tan cuidada, siempre tan observada, siempre a su lado. Si alguna vez me atacan pensamientos de muerte, imaginaba que sería como una vela, se apagaría poco a poco, sin dolor ni sufrimiento, rodeada de todos nosotros. Ya ha pasado mucho, no se merece esto. Así no.

Si acaso me siento triste, tan solo con mirarla, con ver su rostro, se disipa todo mal. Ella siempre ha sido el bálsamo de mis pesadillas, el lugar donde cobijar mi corazón herido, el cálido abrazo después de una tormenta. Igual que en una cuna, su pecho ha mecido mis lágrimas sin queja alguna. Ella siempre ha estado ahí. Aunque a veces las mamás son invisibles, están sujetando nuestra espalda y nuestros sueños.

Al leer esto, sabiendo ahora lo que iba a suceder unos meses después, pienso en si, de alguna manera, este episodio de terror no era una especie de anticipo para lo que iba a ocurrir, aunque prefiero no darle muchas vueltas. Aquel día es, en mi corazón, uno de los peores de mi vida, de los que soy capaz de recordar. Si mi madre se hubiera marchado ese día, hubiéramos podido asistir a su funeral, pero la vida que habría llegado después nos hubiera matado lentamente, al menos, a mí.

Siempre me responsabilicé de aquello, porque yo la moví, yo pasé mi brazo por debajo del suyo. ¿Hice mucha fuerza quizá?

Cuánta fragilidad. La fragilidad de la vida alojada en una pequeña vena. Carreteras de color verde que se cruzan de norte a sur nuestros cuerpos.

Después supimos que estaba demasiado anticoagulada para su peso, ya que había ido adelgazando poco a poco desde hacía un tiempo.

Pero nadie se responsabilizó entonces de ello, de cómo debía haberse controlado esa medicación en un paciente crónico. Nos preguntaban a nosotros. ¿En serio? Son fallos, esos vacíos en el sistema que acaban pasando un precio demasiado alto para quienes lo sufren. Fue por esa razón por la que mi madre atravesó calles y avenidas sin aliento, desvaneciéndose tan rápido como aquella sirena giraba y gritaba.

Mi mamá, con su mascarilla color rosa.

Dicho esto, ¿de verdad íbamos a negarle en su momento de máxima fragilidad emocional la posibilidad de vernos, tocarnos o besarnos, cuando éramos lo único que la mantenía viva? Seguramente, habrá quien piense que debimos hacerlo «mejor» que debimos dirigirnos a ella con un traje de buzo, con la asepsia de los sentimientos, negándole la posibilidad de disfrutar sus últimos tiempos con la familia. Yo no lo veo así, no me arrepiento de nada y lo volvería a hacer. Volvería a actuar de la misma manera, abrazando sus besos y su risa.

Mi madre, el amor de mi vida. Te di todo cuanto pude, supe y fui capaz.

Expresando esto aquí, de esta manera, puede parecer que necesite justificarme y pedir una especie de redención pública, pero nada más lejos de la realidad. Me remito a los hechos para hacer tan grande como el universo pueda albergar el amor que mi mamá se llevó. Claro que cuando nos llegó la noticia de la infección por coronavirus todos sufrimos una tremenda conmoción. Probablemente, fuimos uno de nosotros el que comenzó la cadena de contagios en casa o puede que las enfermeras, el podólogo o el técnico que fue a reparar el calentador del gas. Nunca lo sabremos. Por dónde se coló el maldito virus, pues extremamos las precauciones en nuestros trabajos y nos cerramos por completo a la vida social. Por supuesto que en esos momentos me asaltó, y seguro que también a mis hermanos, el sentimiento de culpa. ¿Pudimos nosotros provocar su muerte? Es fácil sacar conclusiones, juzgar cuando somos observadores. Es muy fácil decirle a otra persona qué debe hacer, pensar que tú habrías actuado de una forma distinta a mí. Es posible, pero hay que estar en la piel del otro para saber exactamente cómo siente, cómo vive y cuáles son las circunstancias que rodean a esa situación y a esas personas, qué provocan en su interior y qué arrastra desde mucho más atrás para actuar o pensar así. Es muy fácil decir «debisteis», pero es que tú, en mi lugar, habrías hecho lo mismo, porque serías yo con mis circunstancias. Así que cuando alguien me hace este comentario, no, no me molesta. No me importa, porque sé que no es consciente de todo lo que nos rodeaba en aquellos momentos y, de saberlo o sentirlo, habría actuado exactamente igual que yo, que nosotros.

A mi madre le dimos todo de lo que fuimos capaces, todo. Y para nosotros lo más importante era verla sonreír y que ella nos viera felices. Tenía una risa tan bonita, y cuando se encanaba, sobre todo, por las noches al acostarla… ¡Dios!, qué preciosa era. Aún con la piel ajada por los años, el pelo corto, canoso y con los ojos achicados por la falta de turgencia en su rostro, seguía poseyendo esa dulzura, esa belleza bondadosa y delicada.

Cuánto te echo de menos, mamá.

Todo aquel contacto, mucho más estrecho, que tuvimos con ella durante esos últimos años y el de pandemia, que, a su vez, coincidió con un declive más pronunciado de su vejez, es lo que se llevó en su corazón, en sus ojos y en la calidez de todas las caricias, los besos y los abrazos. Por supuesto que antes también tuvo todos aquellos mimos, pero, en esos momentos, algo nos decía, aunque no quisiéramos escuchar, que su tiempo aquí se estaba agotando. ¿De verdad le íbamos a negar eso? ¿El amor? Por supuesto que no. Lo volvería a hacer de la misma forma con los ojos cerrados.

Yo, a esto, lo llamo «compasión».

Esta palabra y su significado me los enseñó mi mamá.

Mi madre me dio el mayor regalo que se pueda ofrecer a un ser humano: la vida. Y yo le correspondí con todo mi ser.

Además de los libros sobre duelo, aquel que hiciera referencia a la madre me interesaba. Me encontré con un libro exquisito, brillante y demoledor respecto al concepto que tenemos sobre la maternidad. Sin pelos en la lengua y con un toque de humor, resalta la crudeza que en muchas ocasiones significa ser madre, pero sin dejar de lado la parte amorosa y tierna. Aunque no ha conseguido cambiar en absoluto el concepto de heroína que tengo de mi madre, quizá, sí lo hubiera hecho sobre el de mí misma, si eso hubiese sucedido. Ya nunca lo sabré.

Se trata de *La mejor madre del mundo*, de Nuria Labari. Entre sus páginas encontré algo que me fascinó: el microquimerismo fetal. Aunque la voz de esta brillante obra es otra respecto al duelo, para mí y, desde el momento en el que yo me encontraba cuando la leí, consiguió otorgarle a mi corazón un poco de paz. Cito textualmente: «Está empíricamente demostrado que el bebé y la madre intercambian células durante la gestación. O sea, que las células de nuestros hijos, tanto niños como niñas, escapan del útero y se desperdigan por nuestro cuerpo en un fenómeno insólito que los científicos han bautizado como "microquimerismo fetal", en honor a la quimera, un monstruo de la mitología griega que era una mezcla de león, cabra y dragón. Lo que hacen esas células en el cuerpo de la madre aún no está claro. Pero lo que sí sabemos es que no se limitan a circular pasivamente. Las células fetales que terminan en el corazón, por ejemplo, pasan a formar parte del tejido cardíaco hasta convertirse en células de un corazón que late».

Cómo no sentir que una parte de mí se había marchado con ella, si la realidad era que he permanecido en su interior durante toda mi vida. A veces, la ciencia no dista mucho de la magia y en este caso yo la veo por todas partes.

«Las brujas son, y han sido, mujeres sabias en todas las culturas, porque bruja no es otra cosa que la que descubre lo sagrado y lo mágico de todas las cosas», explica en ese mismo capítulo Nuria. Y más adelante expresa: «La magia es de origen femenino».

Para mí, el poder que esa magia otorga a una madre está por encima de nuestro raciocinio humano. Yo lo siento así.

A mi madre le habría dado toda mi sangre si me la hubiese pedido, si con ella hubiera cambiado algo, pero la esperaban en el cielo. Un alma como la suya, tan valiosa, estaba siendo reclamada con premura.

Volvería a vivirte, volvería a cada minuto, a cada segundo de tu cuerpo, de esta aventura juntas.

Nos veremos en la siguiente, estoy segura de ello.

Mi madre era una superheroína y tuvo que llegar una pandemia mundial para llevársela.

Esa era mi mamá.

9 DE JULIO

Sigo aquí, haciendo malabarismos con la tristeza, intentando domar el viento que, poco a poco, arrastrará el sufrimiento hasta que desaparezca. Pero ese momento aún no ha llegado y es posible que tarde aún un tiempo largo. No tengo prisa. Sé que llegará el día en que pensar en ti, aunque me cause tristeza, aunque lleve en mi bolsa de viaje la pena de no poder tocarte, escuchar tu voz, mirarte a los ojos y sentir tu abrazo, el sufrimiento se habrá marchado para siempre.

Porque son cosas distintas. Porque no es lo mismo sentir pena o tristeza que sufrir. Y esto hay que saber diferenciarlo para vivir un duelo de la manera más sanadora posible. Pero cada uno necesitamos nuestro tiempo, nuestro espacio para lamernos la herida. Es natural e indiscutiblemente necesario.

«De hecho, la vida es tan tenaz, tan bella, tan poderosa, que incluso los primeros momentos de la pena te permite gozar de instantes de alegría: el deleite de una tarde hermosa, una risa, una música, la complicidad de un amigo. Se abre paso la vida con la misma terquedad con la que una plantita minúscula es capaz de rajar el suelo de hormigón para sacar la cabeza. Pero, al mismo tiempo, la pena también sigue su curso. Y eso es lo que nuestra sociedad no maneja bien: enseguida escondemos o prohibimos tácitamente el sufrimiento».

«La ridícula idea de no volver a verte»
Rosa Montero

Resulta paradójica la necesidad de *sentir* alrededor de lo que desprende una muerte para, en realidad, poder *sentirte* viva. Al menos, así es como yo lo veo. Y no, no quiero que nadie me extirpe lo que llevo dentro, ni me arranque de cuajo lo que habita en mi corazón. No deseo anestesiarme el alma para decirle al mundo que he «superado» tu pérdida, pues la sociedad se empeña en alentarte para que lo dejes a un lado. Rosa Montero dice en su libro: «En los primeros días, la gente te dice: "Llora, llora, es muy bueno", y es como si dijeran: "Ese absceso hay que rajarlo y apretarlo para que salga el pus". Y, precisamente, en los primeros momentos es cuando menos ganas tienes de llorar, porque estás en *shock*, extenuada y fuera del mundo. Pero después, enseguida, muy pronto, justo cuando tú estás empezando a encontrar el caudal, aparentemente inagotable de tu llanto, el entorno se pone a reclamarte un esfuerzo de vitalidad y de optimismo, de esperanza hacia el futuro, de recuperación de tu pena. Porque se dice precisamente así: «Fulano aún no se ha recuperado de la muerte de Mengana».

No. Ahora mismo, en el estado de consciencia en el que me encuentro, me resulta de vital importancia avanzar paso a paso por ese sendero, a veces oscuro, otras, luminoso, que ha puesto ante mí la vida. No tengo miedo a sentir todas esas emociones, no me asustan los sentimientos provocados por este proceso único y enriquecedor en el que me encuentro. Lo que de verdad me da miedo es no sentir nada. Tomarme la píldora de la asepsia emocional y anestesiarme para decir: «¡Ya está, he curado mi dolor!», y volver a un mundo que ya no reconozco y que jamás volverá a ser el mismo para mí. Y no se trata de encerrarme en una maraña de amargura, no hablo de eso, aunque la pérdida de un ser amado no se acaba de «superar» nunca, y una madre, un progenitor no es distinto, por mucha ley de vida que nos quieran explicar. Gaby Pérez Islas, tanatóloga, dice: «La pérdida de una madre es, sin duda, la más significativa, no la más dura, no la más terrible, pero sí es la más significativa, porque se termina de dónde vienes, tu génesis. El vínculo que tienes con ella durante los nueve meses de embarazo en su vientre no lo vas a tener con nadie más. La muerte de la madre es un desafío muy importante en la vida. Decimos que la perdemos, porque nos sentimos literalmente perdidos sin ella, tengamos la edad que tengamos es como si desapareciese el suelo bajo nuestros pies.

«Debemos volvernos nuestra propia madre, ella nos enseñó cómo hacerlo. Trabajar en ella, en quien era para nosotros. Acomodar los sentimientos. Estas pérdidas no tienen superación posible, porque superar significa dejar atrás y, en un duelo, el fin consiste en atravesarlo para comprenderlo y aprender de él, solo así conseguiremos sanar».

Yo sigo sonriendo, respirando la brisa del mar, escuchando los sonidos de la naturaleza a mi alrededor y me deleito con la belleza de la vida.

Claro que sí, porque si algo te enseña la muerte es que debes vivir, por respeto a quienes se marcharon y de esta forma honrar aquello que ellos perdieron. Pero no se trata de hacerlo de cualquier manera, tenemos la mala costumbre de decirle al otro cómo debe vivir y enmascarar siempre aquello que duele y por lo que es necesario pasar para avanzar de verdad, para crecer como seres humanos. Lo hacemos continuamente con ese falso optimismo, edulcorado con lazos irreales de felicidad barata, que se vende en las redes sociales y en muchos libros de autoayuda. Pero es que esa ficha no sirve en este juego. Se adquiere una responsabilidad mucho mayor con uno mismo cuando pasas por un proceso traumático, «una noche oscura del alma», una de, posiblemente, muchas en las que nos vamos a ver a lo largo de nuestra vida, y huir de eso no sirve de nada, pues el tablero de juego ha cambiado por completo. Ahora, las casillas no van en línea recta ni describen un círculo, sino que están en movimiento, suben y bajan, avanzan hacia adelante y se deslizan de golpe hacia atrás.

Porque este camino está repleto de altibajos y nos movemos a golpe de latido, jugamos con el corazón en la mano, igual que un dado de tan solo cuatro lados en los que están tatuados: el dolor, la tristeza, el anhelo y la pena. Y la única ficha que nos permitirá avanzar, la que sana todo eso, es la del amor.

Dice Naja Marie en su libro: «Y esperar que ese amor que les causa el sentimiento de pérdida sea más grande que la pérdida. Que ese amor engendre amor y compasión».

Una calurosa y asfixiante
noche de julio

Tengo el dolor crecido en el corazón. Es una criatura inmortal, no puedes luchar contra ella. El dolor no muere nunca. El dolor se alimenta y crece. Muda su piel, incluso para vestirse igual que tú. El dolor se agarra a tus huesos y construye trincheras en tus articulaciones. El dolor se disfraza para seducirte la piel. El dolor teje un sombrero para colocarlo en tu cabeza; es un tejado, una sombrilla, que impide te alcancen los rayos del sol. El dolor son tus cabellos rizándose en la nuca para trepar por tus orejas y volver a entrar en tu cuerpo a través del caracol de tu oído. Desciende por la escalera, huye de tu boca, porque sabe que por ahí pierde fuerza, pierde valor cuando fabricas palabras entre los dientes, lo aplastas contra tu paladar y lo escupes. Ese escupitajo de dolor ya no volverá a ti, es como si se fuese desmembrando y desintegrándose sobre el asfalto. Por eso huye de la boca y se deja caer como en un tobogán por la garganta y va directo al corazón. Ahí ha encontrado su impenetrable madriguera. Una barricada hecha de costillas, que acabarán escudándolo y protegiéndolo de todo aquello que podría calmarlo o, incluso, terminar con él.

El duelo, con sus fases, sin orden ni sentido, que van y vienen caprichosamente, endulzando o castigando la piel de nuestra alma. Cuando llegas a la fase de rabia experimentas una fortaleza enorme transitoria e inusual. Te sientes invulnerable en el momento de mayor fragilidad emocional; contradictorio, sí, pero desde tu atalaya de dolor eres invencible, pues nadie podría causarte más daño que el que ahora llevas dentro de tu corazón. Caminas por el mundo en una especie de indiferencia triste y heroica.

Antes de que mi madre se fuese, había muchos sentimientos que no sabía que estaban dentro de mí. Antes de eso, aunque yo creyera que sí, nada había resquebrajado mi piel del todo. Tan solo me estaba preparando para la vida. Como apunta Alba Payàs: «Los duelos son un camino con corazón».

«La mente crea un abismo que solo
el corazón puede cruzar».
Stephen Levine

Un antes y un después

Quizá sea una manera de traspasar algún tipo de umbral para dirigirte hacia un lugar nuevo en el que te tocará vivir a partir de ahora. Un lugar sin ella, con el dolor y la tristeza anclados a tus brazos y a tus piernas, que tiran de ti hacia el fondo de ese océano que ahora sientes, es tu vida. Una inmensidad en la que te ahogas continuamente y respirar resulta casi un reto.

«Cuando nos comprometemos a reconstruir nuestra vida, viviendo nuestro dolor de manera consciente, sin esconder nuestra pena y compartiéndola, decidimos alimentar ese amor para que siga siendo fértil. Las lágrimas abren caminos de esperanza, porque al derramarlas nos desvelan su mensaje».

«El mensaje de las lágrimas»

Los recuerdos

De niña sabía hacer el pino. Eso es lo que me han contado. Me hubiera venido bien recordarlo en las clases de gimnasia cuando iba al colegio. Jamás lo conseguí. Tengo la sensación de que la vida me ha robado unos años de elasticidad, vitalidad y de consciencia importantes. Pero ¿dónde están esas vivencias?, ¿esos recuerdos que ahora solo pueden ser ilustrados por viejas fotografías? Nos timan momentos, años más bien, que dicen existir en el subconsciente. ¿Qué es eso? ¿Alguien lo sabe? Parece una caja sin llave que tan solo podemos imaginar. No tengo recuerdos de esos años y siento celos de quienes, a mi lado, los vivieron y sí los recuerdan, ahí, en mi infancia, cuando estábamos, cuando éramos.

Contádmelo todo.

Siento envidia de mis hermanos, sobre todo, de los mayores, pues ellos compartieron, y para ellos solos, varios años más a tu lado. Aunque he de reconocer que cuando yo era pequeña te tuve para mí sola un tiempo, pues ellos eran, en aquellos años, jóvenes adolescentes con otras inquietudes. Pero sigue faltándome información de ti, de tu juventud o de tu niñez. Yo no estaba allí, no podía estarlo, no me basta con lo que me contasteis tú o papá o mis tías y tíos. Deseo llenarme de ti, más allá de lo que mi mente es capaz de recordar. Suena descabellado, lo sé, pero no puedo evitar pensar que una parte de tu vida me es, en realidad, desconocida, incluso aquella parte que, sabiendo estará guardada en algún lugar de mi cerebro, tú sí la recordabas y yo no. Mis primeros días en tu vientre, en el mundo, esos primeros años que insisten en ser como un tesoro escondido.

Hace unos días leí una frase que me ocasionó cierta inquietud. Decía algo así como que los recuerdos eran una mentira, ya que cuando nos acercamos a ellos, desde el momento presente, solemos alterarlos con nuestra imaginación y se transforman en una realidad distorsionada de lo que sucedió o de la persona que protagoniza ese recuerdo. Yo misma reconozco contemplar ciertas dudas ante la proyección de algunos recuerdos de los que se procesan en mi cerebro cada día. Incluso de si algunos de ellos son reales, porque, de tanto desearlos o de escuchar ciertas historias vividas por mi familia a una temprana edad, soy capaz de verlos pasar por esa pantalla de celuloide imaginario que hago girar continuamente en mi cabeza. Y si soy sincera, no me importa, porque los amo. No creo que haya nada malo en recordar, en retroceder de vez en cuando en este camino que transitamos llamado vida. De reconocer el origen de nuestra personalidad, de nuestros afectos, de nuestra historia, de mantener vivas las personas que amamos y nos amaron.

Me reconozco con ciertos rasgos de vehemencia, por los que, en muchas ocasiones, he pagado precios muy altos, pero también, gracias a ese ímpetu y a esa pasión, me he visto envuelta en maravillosas experiencias y personas. Todo ello, esa amalgama de circunstancias, de encuentros, pérdidas, llantos, sonrisas, amor y mucho más, me ha convertido en la persona que soy ahora, de la que, con pasos aún frágiles pero firmes, me dirijo hacia la meta que me ha marcado esta vida. Me siento cada vez más cómoda y, ¿por qué no decirlo?, orgullosa. Voy a seguir caminando, acompañando mis pasos con todos mis recuerdos. Los llevaré conmigo, no a mi espalda, como si de una mochila pesada se tratase o, por el contrario, rellena de paja. Los llevaré a mi lado, junto a mí, sin peso ni pesares. Porque no sería sin recuerdos, porque sin ellos no habría vivido y tampoco te habría conocido. Quizá, revivir un recuerdo podría alterar el sentimiento que nos provoca, esa emoción que nos embriaga. ¿Sinceramente? Yo me arriesgo. Porque hay momentos en la vida que te forjan, que te crecen en las entrañas y te hacen levantar la cabeza bien alta, aunque los ojos pesen cargados de lágrimas.

Cuando la risa era fácil y las primeras veces

No puedo imaginar un momento en mi vida más feliz que ese, cuando reír era tan fácil como respirar.

Carcajadas que se dilataban y te dejaban sin aliento, que tiraban del aire de tus pulmones como lo hace una pajita de una bebida refrescante.

No soy capaz de recordar cuándo fue la primera vez que reí siendo un bebé, pero la hubo, igual que muchas otras primeras veces en mi vida. Situaciones que más tarde se darían, sin apenas prestarles atención, repetidas veces a lo largo de mi existencia.

Pero ahora sé que voy a repetir infinitas primeras veces de muchas experiencias que ya he vivido, al igual que otras completamente nuevas, y todas serán primogénitas sin ti, mamá.

Como la primera vez que amanecí en sábado y tú no estabas.

Esa primera vez que los ojos del mundo ya no nos verían juntas. Un primer amanecer en el que el sol no inundaría tu rostro al despertar. Esa primera vez que tuve miedo y me vi asustada atravesándolo sin llevarte a mi lado, sin cogerme de la mano. Esa primera vez que me sentí tan vacía y perdida sin ti. Una primera vez en la que el tiempo se dilataba ausente, creciendo en la soledad de tu habitación, de mi interior, en el que ya no podré verte ni escucharte, tampoco tocar tu cuerpo y retenerte en un abrazo junto a mí. ¿Dónde estás ahora?

Deseo regresar a nuestra rutina deliciosa, hecha añicos por la sombra de la muerte.

No puedo respirar cuando amanecen los fines de semana. Tu ausencia me asfixia hasta desesperarme y deambulo de un lado a otro sin saber qué hacer, cómo emplear el tiempo que antes era tuyo, nuestro. No quiero sábados, no quiero domingos, no quiero las horas que eran MADRE, aquellas en las que ahora tengo un vacío imposible de llenar. Mi nido se ha roto, se ha fragmentado, cayendo en pedazos con todo el peso de la desolación.

Durante el primer año, tras una pérdida, has de enfrentarte a esas primeras veces sin la persona con la que antes las hubieras compartido y esta circunstancia las transforma en cientos de alfileres sin cabeza que se te clavan, atravesando todo tu ser.

Fe

Tengo la confianza, la fe, de que las estrellas se apagan miles de años después de haber estallado en mil pedazos. De que su luz sigue incandescente, aunque ya no existan, de que millones de partículas iridiscentes permanecen o viajan a través del universo, iluminando la oscuridad infinita. Tengo la confianza, la fe, de que el amor no desaparece y que, aunque se haya marchado, ha dejado una estela de las maravillas vividas a través de los sentidos. Que sigue latiendo debajo de la piel que acarició, que abrazó y no dejó de contemplar con los ojos repletos de ternura. Allí donde posó su mano, el amor seguirá latiendo, iluminando y sintiendo durante millones de años, igual que las estrellas en el universo.

Todo permanece, porque todo se transforma. Tengo la confianza.

Tengo la fe.

Fin de año 2022

Recuerdo cuando la emoción por pedir mis deseos para el año nuevo me hacía perder, incluso, la coordinación de mis manos, de mi cerebro y hasta la capacidad para engullir cada una de estas diminutas frutas, con la creencia absoluta de su responsabilidad ante mi vida futura en el año en ciernes. Ha pasado mucho tiempo desde la última vez que lo viví así. Los acontecimientos se han sucedido uno tras otro, casi sin aliento, en los últimos años, con tantas lágrimas que han humedecido y enmohecido el suelo que hay ahora bajo mis pies. Un suelo que ha escrito más de un trienio de historia herida, con vagos rasgos de felicidad, rescatada de entre los tablones de madera. En este momento aún es inestable, inseguro, incluso es posible que haya que cambiar algún fragmento más adelante para que vuelva a ser firme y sostenga mis pasos.

Ya no recuerdo a qué sabe la uva de Nochevieja, sigo sin percibir del todo ciertos aromas, los sabores, desde que pasé a ser una cifra más dentro del recuento de contagios en esta pandemia, hace casi dos años. Estoy convencida de que ya no lo recuperaré, al igual que muchas otras cosas que ella me arrebató directa o indirectamente.

Aprenderé a vivir con ello, sé que lo haré, así como con todo lo demás, porque tengo entregado mi corazón, cada vez con más intensidad y más fe, a mí misma. Aunque se trata de un trabajo arduo, lento, que requiere infinita paciencia, una buena dosis de humildad, cantidades industriales de perdón y toneladas de compasión, todo ello envuelto en un kilométrico lazo de esperanza. Estoy segura de que un día repararé ese suelo por el que voy a caminar de ahora en adelante, que, aunque se trate de una madera delicada, es fuerte y noble. También lo estoy de que un día seré capaz de recoger mis lágrimas en frascos de sueños y de que, cuando esté preparada, los agitaré y abriré para hacerlos realidad. De que lo único capaz de calmar el ruido, que se genera en mi mente alrededor de todo esto que estoy viviendo, soy yo misma. Aceptar la responsabilidad de tu vida y tus actos te libera.

También estoy segura, no, estoy convencida, de que aquello por y para lo que estamos hechos, eso que nos une, hasta en ocasiones escuchar en estéreo los latidos de otra persona como si fueran los propios, es, y solo puede ser, el amor. Amor en su más amplio espectro, del tipo que sea. Aunque en muchas ocasiones no seamos capaces de recordarlo, haced como yo, ataos un lazo en el dedo corazón, así sentiréis el tironcito de la vida con cada latido.

Hoy mismo me he dado cuenta de que ese amor, de alguna forma extraordinaria, se encuentra dentro de cada una de estas doce uvas de fin de año. Por ello, no voy a pedir doce deseos, en realidad, no es necesario. Eso no me ha funcionado en estos últimos años, así que me tomaré las uvas sentada al borde del precipicio que mi mente dibuja siempre el 31 de diciembre desde que era una niña y, simplemente, dejaré que la vida fluya. Que aquello que tenga que llegar, me pille despierta, consciente de la vida, con los brazos abiertos, la mente serena y el alma en paz.

Puedes venir cuando quieras, 2023.

Retando a la vida o, quizá, ella me reta a mí.

2023

«Ahora solo estaba intentando reconstruir la colisión, el colapso de la estrella muerta».
Joan Didion

Carta de Catherine

«A todos los barcos de la mar y a todos los puertos de tierra. A mi familia y a todos los amigos y desconocidos. Esto es un mensaje y una plegaria. El mensaje es que mis viajes me han enseñado una gran verdad: yo ya tengo lo que todos buscan y pocos llegan a encontrar. La única persona del mundo que ha nacido para amar eternamente. Una persona como yo, de los Outer Banks y el misterioso Atlántico azul. Una persona rica en los tesoros sencillos, humilde y autodidacta. Un puerto donde siempre me sentiré en casa y ningún viento y ningún problema, ni siquiera una pequeña muerte, podrá derribar esta casa.

La plegaria es que todas las personas del mundo puedan conocer esta clase de amor y sanar con él.

Si mi plegaria recibe respuesta, quedará borrada toda culpabilidad y todo rencor. Y la rabia llegará a su fin.

Por favor, Dios.

Amén».

Mensaje en una botella. Película basada en el libro *El mensaje* de N. Sparks.

Esta carta posee algo que consigue conmoverme desde siempre: pureza.

Tu luz

Han pasado dos años y todos los días
sigues iluminando
el jardín de mis sombras.

Madre

No me acostumbro a este sabor amargo del brindis ausente. No me acostumbro a la caricia tatuada invisible. No me acostumbro a mi ciego brillo sin tu mirada. No me acostumbro a llamarte y escuchar el eco vacío en mi interior. No me acostumbro a un tiempo que transcurre sin ti, mamá.

Te quiero desde antes de nacer. Alma de mi alma.

El aniversario

A veces tengo miedo de olvidarme del sonido de tu voz, de tu rostro, de tu risa, de que crezca tanto el vacío que me haga desaparecer.

Pero entonces recuerdo tu caricia, tus brazos sosteniendo mi cuerpo en el tiempo, en el aire, que se desliza suave a mi alrededor, y tengo la certeza de que eso nunca ocurrirá. Por derecho divino llevo una parte de ti en mí, hasta el fin de mis días. Son 730 hasta hoy, desde que descubrí que esa ley de vida de la que me hablan lleva detrás el derecho a sentir… te.

Te quiero, mamá.

Siempre.

El tiempo ha pasado. Unas veces, como un huracán y otras, lento como la brisa apacible en un día de verano. Con cambios, con altibajos, con momentos desolados y otros calmados. Pero el tiempo es inexorable, no se detiene, discurre entre nosotros o nos atraviesa y zarandea, igual que a una muñeca de trapo. Y, por ello, seguimos aquí, sin ti. Ya estamos de nuevo en el aniversario de tu muerte. Muerte, creo que es la primera vez que la escribo de forma consciente refiriéndome a ti, mamá.

Deletreo, estrellando contra mi paladar cada vocablo sin que se me atragante, sin que me deje sin respiración, pero lo hago temiendo los recuerdos y, a la vez, el olvido. Me deja un ligero sabor amargo al final, igual que una pastilla al tragarla. Lo asumes desde la infancia: aquello que escuece, cura, y lo que sabe amargo, sana.

«Culo, culito de rana, que se cure hoy, mejor que mañana». Y entonces, soplas en la herida.

Pero si se me olvida soplar...

Naja Marie escribe:

«Temo olvidarme de él. Olvidar la sensación de su cuerpo, de su voz, de su risa. Temo que se me vaya borrando cada día un poco más. Que se borre a medida que restaño mis heridas. Es insoportable. Y, a la vez, el único modo de curarme».

Y también:

«Lo que siento ahora es su ser. Es como un pájaro enorme… Su presencia tiene peso y fuerza. Y es, a la vez, leve y elástica. Sí, elástica».

Lo reconozco, me niego a soltar, me resisto, pues me cuesta dejar ir lo que estoy sintiendo durante este proceso por miedo a olvidar.

Pero…

Quizá, uno pueda olvidarse de lo físico en algún momento, a lo largo de los años, en toda una vida, no lo sé aún, pero resulta imposible hacerlo de aquello que forma parte de nosotros mismos, de nuestras células.

Estás bien pegada a mi piel, mami, incluso, lo estás dentro de mí. Esa parte tuya, que es mía por derecho divino desde el momento en el que me concebiste. Esa presencia posee ese peso y esa fuerza de la que habla Naja Marie. Incluso, la elasticidad y plasticidad de amoldarse, estirarse y acomodarse para siempre en mi cuerpo, en cada recoveco, en mi subconsciente. En mi alma. Así es cómo se quedan los muertos dentro, para siempre.

Denise Riley nos lo muestra de una forma maravillosa en su libro. Dice: «El tiempo del muerto, a partir de ahora, lo mantienes con vida dentro del tuyo» o «El tiempo es la persona».

Max Porter hace una introducción exquisita en la obra de Riley. Habla de su idea «compartir el tiempo de los vivos con nuestros muertos y prolongarlo y entrelazarlo con otras personas hasta el infinito. Y así resurgir en cada uno de nosotros». Dice Max: «Una manera de vivir en el reloj roto del mundo».

Maravillosa y sublime forma de ver la pérdida.

Finalmente, todos los autores dolientes lo expresan de la misma forma: lanzar al mundo todos esos sentimientos, esas emociones (el dolor, la pena y el sufrimiento) y hacer con ello una exquisita amalgama de amor, que se expanda y alcance los confines de la Tierra, para crecer de tal forma que se salga por los polos, por el ecuador, por los paralelos y traspase el cielo, alcance el firmamento, el universo y, por fin, se impregne cada estrella, nebulosa o planeta de aquello que el alma humana es capaz de sentir: el amor. Aquello que realmente somos.

Llevo dos años escribiéndole a mi madre. Le hablo a modo de diario, prácticamente, cada amanecer. Durante casi todo este tiempo lo hago también escribiendo este libro sobre mi proceso de duelo, cómo lo estoy viviendo, mi experiencia. Un proyecto delicado a nivel emocional, pero con el que pensaba, esperaba, traspasar el umbral de dolor para poder comprenderlo y, de esa forma, sanarlo. Pero me encuentro aún hoy, en el mes de enero, en el segundo aniversario de su muerte, delante de estas páginas repletas de sentimientos y de emociones, que deberían haber ido resultando cada vez un poco menos dolorosas.

Porque estaba convencida, más bien quería convencerme, de que lo que dicen del tiempo era cierto, que iba a curarme. Pero siento que me resulta mucho más duro hablar de ello ahora. Resulta mucho más complejo hacerlo cuando ese tiempo transcurrido, supuestamente sanador, te golpea cada vez más fuerte con su mazo de realidad sobre las costillas. En mi caso, no solo no he conseguido cerrar el duelo aún, sino que la herida sigue sangrando a golpe de latido. No se ha cerrado, no se ha cosido con ningún hilo de seda o pegamento para suturas. No digo que eso no vaya a ocurrir en el futuro, no lo sé, es probable, pues no se puede vivir en un duelo perpetuo ¿o quizá sí? Pero solo han pasado, o han pasado, ya dos años y me encuentro con una mole de tristeza transitando a sus anchas delante de mis ojos. Lo hace con descaro, como si supiese un secreto que yo desconozco. Quizá, ella sepa cuándo acabará de torturarme; quizá, ella posea el control de mis emociones.

No, el tiempo no cura nada, pero he de decir que escribir sobre mi dolor, gritarlo, compartirlo con el mundo, parirlo sí ha resultado, al menos, un lugar acogedor donde poder refugiarme.

Tengo la intención, mamá, de terminar tu libro este año. Siento que debo hacerlo, necesito hacerlo, pero me doy cuenta de que no va a ocurrir de la forma en la que yo creía. Yo pensaba que cuando acabara de escribir, que cuando sintiera que mis palabras habían llegado a su fin, coincidiría con el final de mi duelo, que todo el sufrimiento habría desaparecido. Y no es así.

El tiempo discurre de una manera distinta cuando algo duele, sea la piel o el alma. Las manillas del reloj se ralentizan, incluso, se detienen cuando se trata de escalar al punto más álgido de tu afección y se quedan ahí, con el motor parado, sin importarle la prisa que tú tengas para dejar de sufrir. Por el contrario, cuando te encuentra descansando en un remanso de paz que has encontrado en algún lugar recóndito de tu cerebro, se acelera, se mueve tan rápido que no te das ni cuenta y, de repente, vuelves al momento doliente. Es ladino el tiempo y, también, insensible.

Por ello, no voy a seguirle el juego. No voy a poner límites. No voy a establecer finales. No voy a forzar el cierre de puertas ni círculos, tan solo acallaré un poco estos sentimientos con tinta de lágrimas, dejando a mi corazón latiendo al ritmo que necesite. Y, por supuesto, mami, te seguiré contando historias cada amanecer.

Desde que escribí estas últimas palabras hasta lo que viene a continuación, no ha ocurrido nada más y nada menos importante que la vida. Ha sucedido, simplemente y sin querer. Ha llegado la comprensión de lo vivido y, cómo no, a través de las palabras. Una frase ha sido la responsable. Se cruzó en mi mente e hizo detonar, con la suficiente onda expansiva, la clave de mi duelo.

Con toda la humildad y cariño que habita en mi interior construyo un puente para esta última etapa. No por ello, más fácil, pero sí necesaria.

Una página en blanco, una manera de representar un tiempo sin tiempo, un lugar en el que nada es tangible ni cuantificable. Un espacio en el que la vida transcurre con todos sus biorritmos, con todos sus pormenores, pero, también, con el sabor dulce de una esperanza que comienza a esbozarse en el horizonte.

7 DE ABRIL 2023

Al no haber existido una despedida, al no ver con tus ojos esa muerte física, es mucho más difícil llegar a creerlo y superar la fase del duelo que trata la negación, pues la pérdida de ese ser querido, el saber que ya nunca más volverás a verlo es solo un pensamiento y, como tal, algo irreal, intangible para tu mente y, mucho más, para tu corazón. En definitiva, no es un hecho en tu realidad. No acabas de creerlo por mucho tiempo que pase y siempre estarás esperando ver de nuevo a esa persona, aunque sea una creencia que se aloja, sin permiso, detrás de tu día a día.

Lo que yo he experimentado en estos meses, en estos algo más de dos años, es el darme cuenta de que se han solapado el dolor de la pérdida con la aceptación, intangible, de que un día desapareció de este mundo simplemente, porque alguien lo dijo. De alguna forma, ese tándem es, o ha sido, al menos para mí, una inmersión consciente en la comprensión hacia un camino sanador. Es difícil de explicar, pues al mismo tiempo que debes experimentar la carta de la pérdida, de lo acontecido, tienes que barajar la pena de haberlo hecho en la misma mano. Se suceden a la vez en el tiempo, transcurren juntas desde tu cabeza hasta tus pies, pasando por todos y cada uno de tus órganos vitales, y atravesando tu alma como el sufrimiento más terrible que vas a padecer por un ser querido que se ha marchado, que ha cruzado al otro lado.

Debes asumir lo ocurrido, sin poder creerlo del todo, porque no lo has visto, a la vez que tienes que empezar el duelo para sanar tu pérdida. Una doble labor compleja y, en algunos momentos, un tanto, o un mucho, amarga. En este caso no hablo de la fase de duelo que trata la negación, que es otro proceso distinto, sino de aquello que debes creer, sin haber pasado por delante de tus ojos, como en un acto de fe. Desde mi punto de vista son dos circunstancias que no deberían sucederse a la vez, no son dos líneas paralelas. Pero, a veces, la vida es contorsionista, se retuerce y une puntas con esquinas que no deberían coincidir en el tiempo. Esto ocurre, por ejemplo, en los casos de accidentes aéreos, en los que nunca aparece el cuerpo del difunto, en personas desaparecidas, en las guerras, en desastres naturales o, como en el caso de la pandemia, cuando tu ser querido fallece sin que puedas verlo y, en caso extremo como el nuestro, tampoco puedas asistir a su funeral.

Velar a nuestros muertos y despedirnos forma parte de nosotros mismos, de la esencia humana. No hablo de creencias religiosas, hablo de respeto, del amor y dolor profundo del alma. De acompañar, cuando eso es posible o de poder decirle, al menos en un funeral, el último adiós a esa persona, a ese ser que en tu vida significó algo más o menos importante, más o menos grande, más o menos cercano.

Cuando esto no sucede, el círculo natural de la vida con la muerte puede tardar mucho más en cerrarse. Nuestro cerebro que, a veces, es muy bobo entra en cortocircuito y se rompe en mil pedazos. Volver a recomponer todos esos trocitos es una ardua tarea. Requiere cada gramo de consciencia, cada sinapsis, cada molécula de tu ser, de toda esa fauna que habita en el interior de nuestro cerebro, pero, sobre todo, de la maquinaria de nuestro corazón.

La ausencia nos transforma. Crea un ritmo doliente tan conmovedor que necesitamos llorar abrazados a nuestra alma y, a veces, la dejamos a merced de las emociones y sin remedio, a la deriva.

Joan Didion en su obra *El año del pensamiento mágico* (otra lectura obligatoria), que escribió tras la muerte de su marido, hace referencia al doctor Vamik D. Volkan, profesor de psiquiatría en la Universidad de Virginia, en Charlottesville, y a unos estudios y técnicas realizadas para tratar a víctimas diagnosticadas de duelo patológico: «Las personas que sufren el *shock* de un dolor genuino no solo están mentalmente trastornadas, sino que también padecen desequilibrios físicos. (…) en estas circunstancias nadie puede estar normal (…) a los parientes de quien acaba de morir hay que protegerlos de cualquier cosa que les vaya a generar tensión (…) están en un punto crítico y nadie tiene derecho a sentirse ofendido, porque se le diga que no puede resultar útil ni ser recibido (…). En momentos así, hay gente a quien le reconforta la compañía y hay otra que se aparta de sus amistades más queridas».

Es cierto que, tras un impacto tan contundente como una muerte, reaccionamos de distinta manera. Tal y como expresaba unas páginas atrás, hay muchos factores personales y que rodean a dicha situación que deben tenerse en cuenta en el duelo. El hecho traumático de la pérdida puede llegar a ser patológico y se trata de un trastorno del que yo no me encuentro capacitada para hablar, pero deseo dejar constancia de su existencia y de que no necesariamente quienes experimentan un TEPT (Trastorno de Estrés Postraumático) han tenido que pasar por una situación violenta. La mente es muy compleja y las emociones también lo son, por lo que pienso que se merecen todo nuestro respeto y comprensión.

Piedad Bonet lo manifiesta así: «El dolor pareciera, tal vez por ley compensatoria, otorgarnos derechos. (...) vivir por unos días rodeada por un círculo de impunidad. Pero es irrisorio, es falso, inútil. Para tenerlo he tenido que pagar demasiado caro».

Quienes, en mayor o menos medida, pasamos por algo similar, no es que deseemos nadar en ese mar condescendiente, pero, por muchas brazadas que realicemos hacia la superficie, el abismo tira implacable de nuestros pies. Solo llegando abajo, al fondo, podremos tomar impulso para volver a emerger.

Pero el precio habrá sido el mismo.

Preguntas

Los días de los sentimientos nunca son iguales y, mucho menos, los de las emociones. Ya dista profundidades seguir una trayectoria ligeramente continua en la vida, en nuestro día a día, como para hacerlo cuando experimentamos un duelo. Mientras el tiempo ejecuta, sin demasiado éxito, su tarea de curarlo todo e intentar eso de «volver las aguas a su cauce», en el interior de un doliente se desencadenan tantas tormentas eléctricas por minuto y tantos volcanes en erupción como cielos abiertos y rasos en verano, brisas ligeras sobre campos de cebada o siestas infinitas bajo las amables ramas de un olivo. Esto significa que te conviertes en un caos con dos piernas que camina por el mundo igual que un androide al que le asignan una tarea y, con suerte, puede imitar aquello que los diferencia de los humanos, pero, al igual que en *Forrest Gump*, no sabe qué bombón le tocará. Así que te levantas por la mañana, si puedes, o como puedes, inicias el contador de vida y lo haces. Vives. Más bien sobrevives, con la esperanza de que ese día sea distinto y no te toque la bola con aristas. Para mí, las aristas suponen, además del peso de la bola que llevo enganchada a mi tobillo, los pensamientos que se clavan y arañan mi piel desde dentro. Pensamientos del tipo horrible, clase 3 o 4 en el escalafón del sufrimiento de 5, porque la bola es el sufrimiento que, con un grillete de hierro, te persigue sin piedad, hasta que encuentras la llave o, a veces, el hacha con la que por fin romperlo y dejarlo atrás.

Pero esto no suele suceder hasta pasado un tiempo, un tiempo por el que ya anduviste y te elevaste por escalafones, clavaste aristas y grilletes, y navegaste mares en calma bajo cielos estrellados, porque si existe otra tortura añadida a tu dolor por la terrible pérdida que padeces, es que, como sigues viva, puedes apreciar la belleza. Y en ese momento no lo sabes, pero más adelante serás capaz de dar las gracias por todo ello, pues nada es para siempre, ni la vida ni la muerte.

He leído todo cuanto llegaba a mis manos sobre la pérdida, muerte o duelo. Libros que, cuando era todavía un dolor con patas, necesitaba como una yonqui, directos en vena. En este caso se trataba de *Una mujer* de Annie Ernaux. No fue el más impactante que leí durante aquellos meses, pero sí fue, entre sus crudas páginas, donde me encontré con unas nuevas aristas que sumar a mi bola de hierro.

Comencé a hacerme un sinfín de preguntas inútiles. Las sin respuesta, porque es así, nadie las sabe y nadie podría desentrañarlas ya.

Cuestiones empuñadas con la agonía de quien padece sin sentido para el resto del mundo y que, para ti misma, mirar a la cara todo aquello y agarrarlo con tanta fuerza que te acaben sangrando las manos, era tan placentero como un helado a mediodía bajo el extenuante sol de agosto. Sí, lo sé, resulta contradictorio, pero cuando estás en el escalafón 4, rozando ya el 5, necesitas sentir que todo eso que sientes tiene algún sentido, que sirve para algo, aunque ese algo sea peor que lo que ya llevas sobre tus hombros. Necesitas sentir. Sentir. Sentir tanto que duela más que el dolor que ya te inunda por completo. Es como una especie de bomba que, para detonar, necesita la ayuda de otra y así, de esta manera, estallar en mil pedazos y hacer desaparecer el sufrimiento y, de paso, a veces, a ti.

Escribe Annie:

«Una mujer se puso a gritar, la misma desde hacía meses. Yo no entendía cómo ella estaba viva y mi madre muerta».
«Estaba en una sala vacía, de cemento; no sé de dónde venía la escasa luz del día».
«Me habría gustado que durara siempre, que siguieran haciendo cosas para mi madre, gestos, cánticos».
«Llovió durante todo el trayecto, el viento soplaba a ráfagas».
«El sepulturero (…) era el último hombre que se ocuparía de mi madre, cubriéndola de tierra toda la tarde, quería que disfrutara haciéndolo».

Yo le pregunté a mi dolor:

«¿Qué llevaría puesto? ¿Dónde estaba su cuerpo mientras se llevaban a cabo todas las cuestiones burocráticas? ¿Quién estuvo con ella en su último aliento? ¿Sería una persona bondadosa? ¿La miraría y vería a la mujer que había sido o solo vería un cuerpo sin vida? ¿Quién la vistió y acomodó en su lugar para el reposo eterno? ¿Quién tocó por última vez su bello y vetusto cuerpo?».

Estos interrogantes y muchos más bullían hirvientes en mi cabeza y aquel vapor me abrasaba el pecho, dejando un agujero de márgenes negros, cauterizados tan solo por sus propias quemaduras. Si me lo hubiese propuesto, podría haber escrito un libro entero sobre las que yo llamaba «las sin respuesta», pero me habría acabado inmolando con ellas.

Leí a Ernaux, como a muchas otras, la mayoría son mujeres (adjunto la lista al final), durante un tiempo en el que necesitaba llenarme, saciarme hasta rebosarme la piel de historias que me hacían compañía en la soledad de mi corazón fragmentado, arrugado y pisoteado por el dolor. Me sentía comprendida, arropada por aquellas personas lejanas a través de sus palabras, ya hubieran perdido a una madre o a cualquier otro ser querido. Me di cuenta de que todos somos iguales ante el sufrimiento y que quienes nos desnudamos, lo hacemos por pura necesidad. Es la única forma en la que, sin pudor, sacudimos ese sufrimiento que se desvanecerá en el viento y, a su vez, volcamos el amor por el difunto para que se expanda y crezca tanto que se haga infinito. Esa idea se anidó casi al principio de este camino y se ha ido haciendo cada vez más consistente entre mis manos. Se ha convertido en una única realidad necesaria para sobrevivir al proceso de duelo.

Todas los autores, todas las historias y experiencias dolientes que he leído, acaban diciendo a gritos lo mismo:

El amor permanece vivo tras la muerte. El amor no se detiene. El amor no tiene fin.

*«Sé paciente con todo aquello que esté sin resolver
en tu corazón e intenta amar las preguntas en sí mismas.
No busques las respuestas, no se te pueden dar,
pues no serías capaz de vivirlas.
Y la clave está en vivirlo todo.
Vive las preguntas ahora. Quizá, poco a poco,
sin percatarte, vivas hasta llegar,
un día lejano, a la respuesta».*
«Cartas a un joven poeta»
Rainer Maria Rilke

29 DE ABRIL DE 2023

En ocasiones, me quedo enganchada en algún pensamiento, en los recuerdos que van surcando mi pecho como autopistas directas al corazón. Durante mucho tiempo, en este periodo de duelo, me quedaba estacionada, igual que un vehículo estropeado, en el arcén de la dichosa pregunta sin respuesta. «¿Por qué tuvo que suceder así?».

Marchaste sola, cuando jamás lo estuviste, cuando siempre hemos estado a tu lado día y noche, y, mucho más, ahora que nos necesitabas tanto. Es probable que en alguna conversación, en algún momento de introspección, se encontrase la solución a esta cuestión que tanto me angustiaba, que nos angustiaba a todos en realidad.

Suelo comprarme libros por impulso, muchas veces, no los leo en ese momento, pasan a una lista de pendientes que nunca disminuye, porque siempre se añaden más rápido de lo que yo soy capaz de leer. Durante mi proceso de duelo he sentido la necesidad de hacerme con, prácticamente, todos aquellos libros que me resonaran al respecto. Y así me he ido encontrando, en muchas ocasiones, con las gemelas de mis emociones, la salida ante un callejón oscuro del que no me veía capaz de escapar o ante la comprensión y compasión por mí misma.

No los elijo por orden de llegada para leerlos, simplemente, ellos acaban detectando el instante preciso en el que llamar de nuevo mi atención.

Esto me ha ocurrido recientemente con un libro de Elisabeth Kübler-Ross, *La muerte: un amanecer*. En él, cuenta algunos de los casos que ella vivió junto a pacientes terminales. Son historias duras, sí, pero resultan reconfortantes cuando llevas el dolor de la pérdida agarrado a tu piel.

Quizá, para ti, que me lees en este momento, el fragmento que voy a reproducir no te suponga nada, quizá, solo te transmita la pena de una madre que acaba de perder a su hija, pero, para mí, leerlo fue lo que necesité para abrir los ojos a ese amanecer del que habla K. Ross. He leído hasta hoy muchas historias, y sí, me han llegado a las entrañas, me han tocado el corazón, por supuesto, pero aquí hubo un antes y un después. No sé explicarlo, simplemente, pasó.

«La pequeña Susy, que muere de leucemia en un hospital, está acompañada permanentemente por su madre. La pequeña se da cuenta de que cada vez le será más difícil dejarla, pues ella se inclina a veces sobre su cama y murmura:"No te mueras, querida, no me puedes hacer esto. No podré vivir sin ti". Esta madre —y se parece a muchos de nosotros— culpabiliza al moribundo. Susy, que ha abandonado su cuerpo durante el sueño, y también en estado de vigilia, para ir allá donde tenía ganas, tiene la certeza de una existencia después de la muerte y pide, sencillamente, a su madre que se vaya del hospital. En estas situaciones, los niños suelen decir:"Mamá, tienes aire de cansada, ¿por qué no te vas a casa a ducharte y descansar? De verdad que yo estoy muy bien". Quizá, media hora después suene el teléfono dándole la noticia de su fallecimiento».

Suelo leer un par de libros a la vez, intento que sean muy distintos para poder centrarme en cada uno. Si leo un ensayo o biografía, lo combino con una novela, con fantasía o ciencia ficción. Intento no llevar en danza más de dos y, mucho menos, que hablen de temas similares, pero en esta ocasión lo que ocurrió fue que cogí este libro por error, pues estaba leyendo de la misma autora *Sobre el duelo y el dolor*. Cuando leo este tipo de obras, me doy permiso para subrayarlas, escribir notas en los márgenes, etc., y no suelo usar marcador, simplemente, me fijo bien por dónde voy antes de dejarlo y, normalmente, recuerdo el número de página. Aquel día salía con prisa por la mañana hacia el trabajo y del lugar donde tengo los libros sobre duelo tomé el de Elisabeth. Todas sus portadas son muy similares: livianas, sutiles y con los mismos tonos suaves y dulces. Cuando me dispuse a leer durante mi hora de comer, tomé el libro y lo abrí por la página que recordaba, la 92, pero aquello que encontré no me era familiar y retrocedí un poco para intentar retomar el hilo en busca de mis notas o lo subrayado, pero no lo encontré. En su lugar, la historia de Susy me estaba esperando y, en ese momento, me di cuenta de todo. Me di cuenta de que ese no era el libro que estaba leyendo esos días y me di cuenta de que aquello no había sido una casualidad. Tenía que equivocarme de libro, tenía que leer aquella historia para verme reflejada, para entender qué pasó con mi mamá. Y todo cambió.

Entonces, fue cuando dejé la página en blanco y crucé el puente.

Nunca lo vi de esa manera. Mi mamá llevaba un tiempo muy frágil, cada vez más deteriorada, aunque su calidad de vida se podía considerar buena por los cuidados que le procesábamos; en realidad, con todo el dolor de mi corazón expreso esto, su cuerpo ya estaba agotado y mi mamá se estaba apagando lentamente.

Mi madre eligió ese momento para poder marcharse, para que, de alguna manera, nosotros la soltásemos, porque ella sabía que haríamos todo lo posible por retenerla. También lo hizo, estoy segura de ello, para evitar nuestro sufrimiento al verla partir.

Año 2018

La luz de aquellos ledes en forma de estrellas rompía la oscura noche. Mientras, ella dormía sobre un colchón de aire como una niña sobre una nube de algodón de azúcar. Sueños, quizá dulces, bajo el efecto de los fármacos. Quién sabe qué pasaba por su cabeza cuando su respiración se aceleraba y su tez blanquecina se empapaba en sudor. Es posible que corriera por una playa con los pies descalzos, sintiendo la arena abrazar sus dedos. Se dejaría caer en la orilla, a merced de las tibias olas que humedecían su cuerpo, agitado por tanta excitación. Y allí, tumbada sobre la arena húmeda de la madrugada, sonreiría con sus labios de rojo carmín, mirando la inmensidad del cielo, donde bailaban cientos de estrellas.

Pero la realidad era un cielo de placas de escayola.

Su alma joven había echado el ancla por la borda, no iba a permitir que el barco zarpara ya. Esta tripulante llevaba un billete sin validez, se lo dieron equivocado cuando, sin mediar palabra, lo sellaron a su muñeca izquierda. «Todo está bien», dijo aquella mujer con una sombra pegada a ella. «Solo le dolerá un poquito». Y, entonces, varios cables colgados de un cielo gris comenzaron a administrar drogas que sanaban.

El diagnóstico, al igual que el de un electrodoméstico estropeado, llegó con palabras incomprensibles, que zumbaban en nuestros oídos. Y aquellas sonrisas, «todo irá bien», mientras los dientes se les salían de los alvéolos, resultaban grotescas con aquellos ojos desorbitados después de una guardia de veinticuatro horas.

Entonces, te vas a casa con las palabras grabadas en tu memoria:

«Todo irá bien». Que se repiten como la canción pegadiza de ese verano.

Pero cuando te has tragado el estómago y lo está digiriendo tu intestino delgado, para después deshacerse de él en ese aseo compartido con unos desconocidos, y que se perderá entre los residuos de algún tipo de depuradora de desechos en el sótano de aquel vasto edificio impersonal y monstruoso, la vida, tu vida, comienza a parecer irreal.

Ya has perdido tu estómago y, con los días que se avecinan, no será el único órgano que se romperá o desmembrará mientras la ves, día tras día, debatirse entre la vida y la muerte, entre el dolor y las reacciones a decenas de fármacos, temblores, sudores fríos, alucinaciones, agresividad, negación, frustración, terror.

Y tú, nosotros, quienes la amamos, queremos confiar, pero la señora con la sombra vuelve y nos dice y nos desdice. Y, entonces, sientes que tu mundo se desintegra, porque ella es todo, es quien te dio lo más grande, te dio la vida y todo lo que va con ella.

Y se repiten las noches, con estrellas de ledes. Con el sueño olvidado en un sillón, que tiene aroma a café de máquina, desinfectantes y otros tantos olores indescriptibles cuando compartes dieciséis metros cuadrados con cuatro personas.

Y lo peor, compartes el dolor, el miedo, con la impersonalidad. Con la indiferencia. Con la soledad.

Tú, nosotros, solo podemos besarla, abrazarla y decirle que sea fuerte, que luche. Y ella te dice: «tengo miedo de estar aquí, no quiero irme, quiero estar con mis hijos. Me siento joven». Y tú lloras lágrimas por dentro, que van directas a tus tripas, porque ya perdiste el estómago y, pronto, te quedarás también sin garganta de tanto gritar desde la calle.

¡¿Dónde está Dios?! ¡Ven y sálvala! No debe marcharse, aún no.

Y vuelve la señora con la sombra y te dice que todo ha empeorado, que no saben y que es posible que ocurra. Y tú, nosotros, perdemos un pulmón, nos quedamos sin aire, y un trozo de corazón, porque si ella muere, se lo llevará para siempre. Y así nos encontramos los cuatro hermanos, mutilados para siempre bajo la noche de estrellas de ledes con un techo de escayola.

Y rezas, o hablas con el universo, o con quien sea que haya, o con nadie, quizá solo con tu consciencia y pides, suplicas de rodillas en aquella playa en la que ella se tumbó siendo joven y hermosa, con labios rojo carmín.

Y suplicas que vuelva. Aún tiene algo que hacer. Debe darnos algo más a cada uno de nosotros antes de emprender el viaje sobre el camino de baldosas amarillas.

Ya tiene sus zapatos, sí, de color rojo, su colcha mágica y su perro. El viaje a la ciudad Esmeralda lo hará con alegría, porque su alma es pura, siempre lo ha sido.

Ella sabrá cuando es el momento, no la señora de la sombra con nariz de bruja.

Nos veremos en Oz, pero mientras, seguiremos bailando contigo bajo las estrellas, las del cielo de verdad. Corriendo por tu playa con los pies descalzos y disfrutando del olor a mar que trae la brisa al acariciarte el rostro. Compartimos órganos, nos los diste al nacer, y ahora nosotros te los damos para que vivas hasta que el tornado de algodón de azúcar te lleve donde mereces descansar, en tu HOGAR.

Te queremos, Mamá.

Con este relato he dado un salto en el tiempo. Me he remontado al verano del año 2018 cuando mi madre enfermó debido a una insuficiencia coronaria y a un infarto masivo renal derecho, por lo que estuvo unos días ingresada, pero todo se complicó. Pasó tres meses, aproximadamente, entrando y saliendo del hospital, con estancias largas, en las que cada día parecía que sería el último. Nos dijeron en varias ocasiones que no se podía hacer más, no por estas dolencias que estaban más o menos reconducidas y controladas, sino porque había contraído una de esas bacterias hospitalarias, resistente a los antibióticos, y contra la que parecía muy difícil ganar la batalla. Pero mamá venció. Se declaró victoriosa tras semanas y semanas de sufrimiento, pues ni era su momento ni ella quería marcharse y así nos lo dijo durante aquellos días.

Susurros…

«Yo no me quiero ir».Yo me siento joven y quiero estar con mis hijos».

«Tengo miedo de estar aquí, quiero vivir».

«Tenemos que estar todos juntos, nos necesitamos».

«Cuidad de papá, os necesita».

Nunca antes, en ningún momento que yo haya vivido durante una convalecencia con ella, había manifestado tales emociones.

Muchas veces he pensado en qué sería lo que le quedaba por hacer, pues, aunque entonces era algo dependiente físicamente, aún tenía cierto control sobre sí misma. Pero después de aquel episodio, todo cambió y, poco a poco, pasó a estar casi totalmente supeditada a nosotros.

Algo invisible se movía alrededor de nuestro día a día, sin llegar a percatarnos de ello. ¿Llegaremos a saber el porqué sucedió entonces su marcha y el para qué tuvo que pasar por todo aquel sufrimiento?

Era su proceso vital, ese era su camino. Pero también lo era para nosotros. Debía suceder así, en el preciso instante en el que ocurrió, tristemente, bajo los dientes afilados de la pandemia. Me resulta inimaginable pensar en cómo habríamos llevado su pérdida en aquel otro momento. Recuerdo creer e, incluso, comentar con mis hermanos que me pensaba preparada, porque cada día que entrábamos al hospital o al regresar a casa, sentíamos que podría ser el último y verla en el estado en el que se encontraba no te conducía a otro lugar más que a hacerte a la cruel idea de que su muerte iba a ser algo inminente. Qué ingenua me reconozco ahora en aquella afirmación. Qué fábula intentaba contarme a mí misma para afrontar lo más ensordecedor que mi alma iba a experimentar tan solo unos pocos años después.

«El dolor por la pérdida de un ser querido resulta ser una situación que nadie conoce hasta que llegas a ella (…). No nos esperamos que ese shock sea aniquilador, que nos trastorne tanto el cuerpo como la mente. Pero no esperamos enloquecer literalmente (…). Ni tampoco podemos conocer por anticipado (y aquí reside la diferencia esencial entre el dolor por la muerte de un ser querido tal como nos lo imaginamos y tal como es en realidad) la ausencia interminable que vendrá después, el vacío».
«El año del pensamiento mágico»
Joan Didion

Mi heroína, mi mamá, aún tenía algo que enseñarnos, como cuando éramos niños:

El poder del amor.

Y así transcurrieron los años siguientes, pegados a ella, cosidos a su piel con un hilo tierno y delicado. Acariciando su cuerpo con las manos, tal y como con su cariño nos enseñó, intentando alimentar día a día su corazón con nuestro amor.

Tanto mi padre como cada uno de sus cuatro hijos, estuvimos durante esos años a su lado, sentados junto a su cama, velando las noches, cuidando su cuerpo, sonriendo y abrazando su alma. Lo hicimos como pudimos y supimos, con nuestras propias experiencias sobre los hombros, tejiendo puentes de hermano a hermano, de hermana a hermana, de hermano a hermana, de padre a hijo y viceversa.

De madre a hijos y esposo y así, también de vuelta. Unas carreteras infinitas, plagadas de simbolismo y de etéreas riquezas, que, muchas veces, solo el tiempo sabrá encontrar el lugar donde esos tesoros se esconden.

Para mí ha sido la más bella experiencia de toda mi vida, cuidar de mi madre, de su alma. Enriquecedora, brutal y, en muchos momentos, también abrumadora, pero la volvería a vivir una y mil veces con los ojos cerrados.

Entonces, pienso desde la intimidad de mi corazón que esto y no otra cosa era lo que aún le quedaba por hacer. Otorgarnos desde su propio ser la oportunidad de vivir y aprender una lección humilde pero grandiosa.

«Que no muera en ti aquello que te da la vida».
Sara Búho

He tardado estos años, aquí doy la razón a que es necesario el discurrir del tiempo, en conseguir la capacidad de comprender algunas de las emociones vividas. Y esto solo lo he logrado experimentando en la piel del alma todas y cada una de las fases del duelo, porque, como bien dice Elisabeth kübler-Ross, «Nuestro duelo es tan propio como nuestra vida».

Las cinco etapas del duelo no necesariamente llevan un orden y tampoco se experimentan una sola vez cada una. Suben, bajan, vienen y van.

Negación: conmoción e incredulidad de que ha ocurrido la pérdida.
Ira: porque alguien que amamos ya no está aquí.
Pacto: todos los «hubiera» y arrepentimientos.

Depresión: tristeza por la pérdida.
Aceptación: reconocer la realidad de la pérdida.

«Tu duelo no se cura solo con el tiempo, sino que
depende de lo que tú hagas con ese tiempo».
Alba Payàs

David Kessler, amigo y coautor de algunos libros junto a Elisabeth Kübler-Ross, nos habla de la existencia de una sexta etapa del duelo: **El significado.**

«Puede parecer que todo el significado quedó con la persona que perdiste, pero no es cierto. Puedes continuar vinculándote de manera significativa con aquellos que aún viven y puedes formar nuevos vínculos también. Esos vínculos no disminuyen tu amor por la persona que murió. Solo lo realzarán.

Después de todos mis años trabajando con los moribundos y los afligidos, he descubierto que, en esta vida, el significado último que encontramos está en todos los que amamos. La historia de tu ser querido acabó. Por razones desconocidas, su tiempo en la Tierra llegó a su fin, pero el tuyo sigue. Solo puedo invitarte a sentir curiosidad por el resto de la historia de tu vida.

Lo más probable es que hayas luchado con la aceptación de la muerte de tu ser querido. Quizás sea el momento de pasar a la siguiente etapa del duelo. Encuentra tu significado. Tu futuro aún no está escrito. Has amado, has experimentado una gran pérdida, pero la vida sigue.

Explora eso. Ten curiosidad por eso. Nunca volverás a ser el mismo, ni quisieras serlo. Sin embargo, puedes volver a estar completo y te lo mereces. (…)

Mi esperanza es la misma para ti. Espero que tengas algo interesante y significativo que decir sobre el resto de tu vida».

Cada vez que yo imaginaba a mi madre en el hospital, sola y aislada, la angustia me bloqueaba. Me llenaba de nerviosismo, hasta el punto de perderme en un ensimismamiento que no hacía otra cosa que empujarme hacia un estado de tristeza depresiva. Todo en lo que yo pensaba era en cómo estaría, cómo se sentiría, si sufriría, si era consciente de dónde se encontraba y de lo que estaba sucediendo. Nunca podré saberlo ya, pero a día de hoy he comprendido que todos esos pensamientos eran mi pena transformada en miedo e inseguridad ante lo desconocido, ante la muerte. Que todo eso no era más que mi propio sufrimiento, provocado por mis creencias, mi aprendizaje, aquello que necesitaba soltar y, por supuesto, la tristeza física de su pérdida. De cómo iba a ser posible vivir a partir de entonces sin ella.

Pero hoy, ahora, en este momento, algo en mi interior me susurra con ternura que el alma de mi madre, quien de verdad es ella, ya estaba lista para partir. Se sentía preparada para marcharse y tuvo que valerse de argucias para poder hacerlo desde su cuerpo mortal, pues, sin darnos cuenta, la reteníamos en este mundo. Ella estaba en paz con la vida y sé que es así como se marchó.

Fue entonces cuando emprendió su viaje de vuelta al hogar.

Mamá, hemos llegado juntas hasta la sexta etapa, el significado, de este duelo. Tú me has conducido de la mano con tu bondad y la misericordia de tu corazón hacia dónde debía dirigir mis pasos y mis palabras. Te doy gracias por ello y, aunque jamás volveré a ser la misma persona, pues estoy aprendiendo a vivir sin ti, puedo decir con total sinceridad que me hace muy feliz haber conseguido llevar a término el propósito de este libro, que tu amor crezca de manera infinita, tanto, que se expanda sin límite desde la Tierra y por todo el universo.

Ahora serás realmente eterna y por siempre inmortal.

Nos veremos en las estrellas cuando yo emprenda mi viaje hacia el hogar, pero mientras, sé que ese amor custodiará mi alma por este camino en la Tierra y que cada día tomará de la mano a mi corazón.

Gracias por todo cuanto me has dado a través de esta vida y, también, de esta muerte.

Te amo desde lo más profundo de mi ser, allí donde somos una. Para siempre, madre.

Para siempre, hija. Nunca en el olvido. Te quiero, mamá.

«Porque, a pesar de esa gran fragmentación
que es la muerte, nuestro instinto más vital
es la recomposición. Y, una vez más, la vida insiste:
la muerte no es el final, el final es el olvido».
Gabriela Consuegra

El amor no caduca, aunque la piel se marchíte
y la vida que conocemos desaparezca.
El amor no conoce límítes de tiempo y espacio.
El amor permanece, porque es aquello que sentimos
donde ya no hay cuerpo.

La voz de mamá

Escucho a mi madre…

Con el sonido de los árboles, cuando los mece la brisa.
Observando las olas del mar con su vaivén.
Si mi cabello es agitado por el viento.
En el crujir de la arena bajo mis pies.
Por un carillón colgado de la ventana.
En la risa de un amigo.
En un té humeante con hierbabuena.
En ese sonido al pasar las páginas de un libro.
En la lluvia cayendo sobre la tierra.
En el discurrir de un río.
En el olor de su barra de labios.
Cuando el amor se expresa en palabras.
Cuando el amor se expresa en caricias.
Con un brindis.
En el sonido de las nubes, deslizándose por el cielo.
En los labios que se besan.
En los ojos de mis hermanos, en su sonrisa.
Cuando abrazo a mi hermana.
Con las patitas de nuestro perro, Tobías, sobre el parqué.
En la ropa tendida al mediodía.
Con su canción favorita.
Cuando se me eriza la piel con un recuerdo.
En las tostadas con mantequilla.

En las manos de mi padre.
Cerrando los ojos bajo el sol de la mañana.
Con el sabor de las patatas fritas.
Cuando te pienso y suenan tus abrazos en mi corazón.
Siempre.
Siempre estás, siempre tus susurros estarán
detrás de mis orejas.
Tu voz, mamá.

Mamá, mi hermana, hermanos y yo. Melilla, 1972

Hablemos del amor

Hablemos del amor una vez más,
que es toda la verdad de nuestra vida.
Paremos un momento las horas y los días,
y hablemos del amor una vez más.

Hablemos de mi amor y de tu amor,
de la primera vez que nos miramos.
Acércame tus manos y, unidos en la sombra,
hablemos del amor una vez más.

Qué nos importa, qué nos importa
aquella gente que mira la tierra y no ve más que tierra. Qué
nos importa, qué nos importa
toda esa gente que viene y que va por el mundo sin ver la
realidad.

Hablemos de mi amor y de tu amor,
de la primera vez que nos miramos.
Acércame tus manos y, unidos en la sombra,
hablemos del amor una vez más.

Qué nos importa, qué nos importa
aquella gente que mira la tierra y no ve más que tierra. Qué
nos importa, qué nos importa

toda esa gente que viene y que va por el mundo sin ver la realidad.

Qué nos importa, no hagamos caso de nadie
y hablemos de amor,
de nuestro amor.

Raphael

La escrítura, píldoras de sosiego para el alma.
Un lugar donde poder afrontar el dolor
de lo innombrable, de aquello que en la boca
se atragantó y me ahogó en un mar de lágrimas.

Epílogo

La casa de mi familia, esa, la de toldos verdes. De la que me marché hace tiempo para crear la mía propia, pero que he seguido sintiendo como mi hogar, ha llegado a su fin.

Cuánto quedará allí, impregnando como manos de pintura sus paredes, esas que han visto y escuchado tanto. Incluso, nos acompañaron en los llantos sobrecogidos de tristezas o, por el contrario, se deshicieron en las armonías de las risas.

Allí cambié mi niñez por juventud. Hice acopio de amistades, viejas y nuevas. Hicimos nuestro el bar de la calle de atrás, lugar de encuentro, donde el tiempo se paralizaba.

Noches calurosas de verano, que compartía con mi hermana, con el radiocasete en el suelo entre las dos camas. Nuestra habitación repleta de pósteres y música *rock* saliendo a todo volumen por las ventanas.

Bajo aquellos toldos verdes, conocí la sonrisa de un corazón enamorado. Crucé el umbral de ese portal vestida de novia, con mi padre del brazo y mi madre orgullosa. Comimos arroz o cocido los domingos, las croquetas de mamá o sus sabrosas tortitas de bacalao, que nunca llegaban a la mesa. Y en navidades, el horno echaba humo y la casa olía a mantecados y empanadillas de boniato. Las uvas con cava endulzaron el adiós de los viejos años para dar paso a los nuevos. Y dormíamos en el salón, amaneciendo con los turrones al lado de la almohada. Celebramos cumpleaños con tarta y velas, recordando partos, cesárea y anécdotas. Una costumbre familiar la de rememorar nuestra llegada al mundo.

Siempre fue mi hogar, ese que lloró conmigo cuando se arrugó mi vestido blanco, que se fundió en negro al final del pasillo. Un pasillo largo, de recorrido casi siempre alegre, igual que las carreras juguetonas de nuestros tres perros, generación tras generación.

Esa casa me acogió en pandemia, para ser mi refugio durante el confinamiento y cocinar bizcochos y torrijas. Hacer sopa de letras con mamá, pintar de colores sus cuadernos o hacer juntas un solitario.

También empapó su suelo con lágrimas amargas, despedidas y muerte.

Allí se quedó mucho, pero me llevo tanto de la casa de toldos verdes… más alegrías que penas, aunque estas últimas siempre suelen pesar más.

Curiosamente, la vida ha llevado ese hogar de regreso al lugar del pasado, de donde partimos con maletas rellenas de nuevas ilusiones. Quizá, se trate de un cierre, de una etapa que había que superar. Una oportunidad para reiniciar la partida desde un punto nuevo pero viejo a la vez.

Voy a por mi ficha y me coloco en mi casilla de salida, los dados están de mi parte, de la nuestra.

No puede ser de otra manera.

Todo cobra significado cuando aprendemos a mirar.

Papá y mamá. Monte Gurugú. Melilla, 1952

Antes de terminar

A pesar de llevar un diario, durante aquellos días me resultaba casi imposible escribir sobre otra cosa que no fuese mi madre. Ni siquiera dejé constancia de cómo llevaba yo la enfermedad. Hay muchas situaciones, momentos e, incluso, sentimientos que se han perdido para siempre, ya que mis capacidades se encontraban bastante deprimidas, ya fuese por el estado físico de mi cuerpo o por el de mi alma. Pero gracias al caballito de mar que habita en mi cerebro existen algunos retazos de consciencia de aquellos días.

«Nos enviamos una foto para ver qué aspecto teníamos. ¿Lo recuerdas, Cuca?». Ella es mi amiga de la infancia, Mari Cruz, pero la llamamos cariñosamente Cuca o Cuqui. Crecimos juntas y también pasamos el Covid a la vez. Hablábamos todos los días, pequeñas conversaciones telefónicas teñidas por la fiebre, el dolor y, más tarde, por la tristeza. Ella vivió junto a mí todo lo que sucedió y, aunque no soy capaz de recordarlo, siento mi corazón repleto de amor al nombrarlo. Cuando la veo y me abraza, reconozco el perfume de la amistad. Estuvo a mi lado y ahí sigue.

Según la cultura celta, Anam Cara significa «amiga del alma» y yo tengo la fortuna de tener una. Ella es Carmen Morales, a quien la vida puso en un camino que colisionaría con el mío hace años y, desde entonces, no hemos dado un paso solas. El llanto de Carmen resuena en mi cabeza cuando le dije que mi mamá había dado positivo, que, en realidad, todos lo éramos ya.

Mi Anam Cara me alentó cada día cuando todo se volvió oscuro como la noche y transitó conmigo la desesperanza más cerca de lo que a veces es posible. Una parte de mi luz es gracias a ti, Carmen. Namasté.

Estef, mi ninfa. Estefanía y yo nos conocimos porque la música sonaba en una misma dirección. Nos unen cables invisibles en el viento. A pesar de la distancia que nos separa, esto será así por los siglos de los siglos. Aquella llamada envuelta en un abrazo de lágrimas se encuentra cosida a mi corazón con hilos de mar y viento.

«La verdadera fuerza se demuestra en la nobleza de los actos». El verdadero rostro de esta frase no es el de Edmond Dantès, sino el de mi amigo Miguel Tuset. Tengo grabado aquel instante en mi retina: la imagen del cielo, a través de los cristales, cerrándose ante el ocaso; la tristeza alojada ya en mi pecho y el sabor de la pena inundando poco a poco mi garganta. Pero aquella tarde te acercaste para salvarme de un naufragio seguro y traerme *El conde de Montecristo,* con aquella dedicatoria tuya y de Rosana (mi querida Dra. Amat, gracias infinitas, otra vez, por todo y por tanto) que rezaba así: «Os queremos más que al mar y a la paella». No puedo añadir nada más a esto.

Mi madre siempre decía que es de bien nacido ser agradecido.

Gracias, papá, por darme el don de las palabras y, sobre todo, por elegir a mamá para formar nuestra familia. A mis hermanos mayores que tanto me quieren, cuidan y protegen desde que esta pequeña *Quísiole* llegó a vuestras vidas. Qué suerte teneros junto a mí. Sois mi suelo, mi techo y mi abrigo. A mi cuñada Amparo. Os quiero más de lo que soy capaz de expresar.

Gracias a toda mi familia, la que tengo cerca, en especial a Encarni, Mari, Agustín, Mari Ángeles, Jorge y Javier. También a aquellos primos que viven lejos, pero están siempre cerca. A la familia con la que no comparto sangre, pero que siento en mi corazón; en este caso, con especial cariño para Adelina y Vicente. También a Virginia, Dani, Ernest y Andrea. Os quiero mucho a todos.

Gracias a mi *sister* por pedir una hermanita durante siete años. No estaría aquí de no ser por tu insistencia. Hemos compartido mucho, pero lo más hermoso ha sido que cada circunstancia que ocurría en nuestras vidas nos unía más. La muerte de mamá ha sido el desgarro definitivo a nuestro linaje femenino, pero juntas, cogidas de la mano, igual que lo hacías de niña, y con el legado de su amor, aprenderemos a leer en las estrellas, en el viento o en las olas del mar y así, de esta forma, sanar la herida. No me sueltes, hermana. Gracias por creer en mí y ser «ter» mi otra mitad.

A Tobías y Linda, por los lametones y las veces que le calentasteis los pies a mamá. No pueden faltar Bobby y Merlín, que partieron hacia el arcoíris hace años.

A aquellos amigos y amigas que estuvieron a mi lado de forma incondicional, y me brindaron su comprensión y su paciencia. Gracias por saber esperar cerca. Para vosotros, mis besos abrazados.

Gracias a ExLibric, por su confianza en este proyecto. Habéis hecho realidad mucho más que un sueño. Gracias a Carlos Rodríguez y equipo.

A mis lectores beta, por todo vuestro apoyo y cariño: Cris de Fez, Carmen Morales, Toni Pérez (abrazo especial por ponerle banda sonora a mi mamá) y a Luca Zampieri.

Gracias inconmensurables a la vida por otorgarme la oportunidad de conocer a mi madre y por la fortuna de llevar una parte de ella dentro de mí por toda la eternidad.

Y a ti, Josep, mi querido Sepe, he echado de menos poder contarte todo esto. Nos volveremos a encontrar.

Gracias.

Libros muleta, libros corazón

ABELENDA, P.: *Entre la distancia y el tiempo.* Ed. Colisión, 2020.

AIDT, Naja M.: *Si la muerte te quita algo, devuélvelo.* Madrid: Ed. Sexto piso, 2021.

BARALT, E.: *Amar más allá de la vida,* 2017.

BARTRA, R.: *La melancolía moderna.* Ed. Fondo de cultura económica, 2018.

BONNETT, P.: *Lo que no tiene nombre.* Ed. Alfaguara, 2013.

BONNETT, P.: *Los habitados.* Ed. Visor Libros. Poesía, 2017.

BOSS, P.: *La pérdida ambigua.* Ed. Gedisa, 2015.

BRAVO, G.: *Matemática de la felicidad.* Ed. Olelibros, 2021.

BUSQUETS, M.: *También esto pasará.* Ed. Anagrama, 2021.

CAMINO, A.: *La vida después de ella,* 2020.

CARMELO, A.: *Déjame llorar.* Ed. Tiranna, 2020.

CONSUEGRA, G.: *Ha pasado un minuto y queda una vida.* Ed. Temas de hoy, 2021.

D'ORS, P.: *Biografía del silencio.* Ed. Galaxia Gütenberg, 2020.

DAMOM, A.: *Somos polvo de estrellas.* Ed. Kiwi, 2018.

DIDION, J.: *El año del pensamiento mágico.* Ed. Literatura Random House, 2015.

DONÉS, P.: *50 Palos…y sigo soñando.* Ed. Planeta, 2017.

ERNAUX, A.: *Una mujer.* Ed. Cabaret Voltaire, 2020.

FOSTER, J.: *Más allá del despertar.* Ed. Kairós, 2009.

FRAME, J.: *Un ángel en mi mesa.* Ed. Seix Barral, 2009.

FRANKL, V.: *El hombre en busca del sentido.* Ed. Herder, 2015.

GONZALEZ, *T. La luz difícil.* (2023) Ed. Sexto piso.

Higón, N.: *De qué dolor son tus ojos*. Ed. La esfera de los libros, 2020.

Huelva, E.: *Mis ganas ganan*. Ed. Montena, 2022.

Ibáñez, J.: *Morir o no morir*. Ed. Anagrama, 2020.

Kessler, D.: *Encuentra el significado*. Ed. Vintage Español, 2021.

Kotzwinkle, W.: *El nadador en el mar secreto*. Ed. Navona, 2017.

Kristeva, J.: *Sol negro. Depresión y melancolía*. Ed. Wunderkammer, 2017.

Kübler-Ross, E.: *Aprender a morir-aprender a vivir*. Ed. Sirpus, 2023.

Kübler-Ross, E.: *La muerte: un amanecer*. Ed. Luciérnaga, 1983.

Kübler-Ross, E.: *Sobre el duelo y el dolor*. Ed. Luciérnaga, 2006.

Kübler-Ross, E.: *Sobre la muerte y los moribundos*. Ed. De bolsillo, 2019.

Labari, N.: *La mejor madre del mundo*. Ed. Literatura Random House, 2019.

Lanegan, M.: *El diablo en coma*. Ed. Contra, 2023.

Leach, M.: *No te acabes nunca*. Ed. Espasa, 2017.

Lewis, C. S.: *Una pena en observación*. Ed. Anagrama, 1994.

Martín, A. *Detrás del ruido*. (2023) Ed. Planeta.

Martín, A.: *Por si las voces vuelven*. Ed. Planeta, 2021.

Molino del, S.: *La hora violeta*. Ed. Literatura Random House, 2013.

Montero, R.: *La ridícula idea de no volver a verte*. Ed. Seix Barral, 2013.

Morena de la, R.: *El corazón de la banshee*. Ed. Libros de seda, 2018.

Naveran de, I.: *Ritual de duelo*. Ed. Consonni, 2022.

NEVADO, M.: *Acompañar en el duelo.* Ed. Desclee de Brouwer, 2017.

NGOZI, Ch.: *Sobre el duelo.* Ed. Literatura Random House, 2021.

PAYÀS, A.: *El mensaje de las lágrimas.* Ed. Paidós Ibérica, 2014.

PÉREZ ISLAS, G.: *Cómo curar un corazón roto.* Ed. Diana, 2023.

PIÑOL, J.: *El aprendiz de farero.* Ed. Kairós, 2022.

PORTER, M.: *El duelo es esa cosa con alas.* Ed. Rata, 2016.

RILEY, D.: *El tiempo vivido, sin su fluir.* Ed. Alpha Decay, 2020.

RIMPOCHÉ, S: *El libro tibetano de la vida y de la muerte.* Ed. Urano, 2022.

ROCA, P.: *Un día en la vida de Pau Roca.* Ed. Aguilar, 2023.

RODRÍGUEZ, A.: *Cuando nos volvamos a encontrar.* Ed. Planeta, 2019.

ROJAS-MARCOS, L.: *El sentimiento de culpa.* Ed. De Bolsillo, 2016.

SÁNCHEZ, A.: *Fármaco.* Ed. Literatura Random House, 2013.

SARTON, M.: *Diario de una soledad.* Ed. Gallo negro, 2021.

SEGURÓ, M.: *Vulnerabilidad.* Ed. Herder, 2021.

SERNA DE LA, J. M.: *Depresión,* 2017.

SETTERWALL, C.: *Solo nos queda esperar lo mejor.* Ed. Seix Barral, 2022.

STROUT, E.: *Me llamo Lucy Barton.* Ed. Duomo, 2019.

STYRON, W.: *Esa visible oscuridad.* Ed. Capitán Swing, 2018.

THAO, D.: *Has llamado a Sam.* Ed. Kiwi, 2022.

THODOL, B.: *El libro tibetano de los muertos.* Ed. Obelisco, 2021.

VÁZQUEZ, P.: *Las estrellas.* Ed. Tránsito, 2020.

VIGAN DE, D.: *Las gratitudes.* Ed. Anagrama, 2021.

VIGAN DE, D.: *Nada se opone a la noche.* Ed. Anagrama, 2016.

«La aflicción es un estado humano, no médico, y, aunque haya píldoras que nos ayuden a olvidarla —y todo lo demás—, no hay pastillas que la curen. Los afligidos no están deprimidos, están debidamente, justamente y matemáticamente, tristes».

Julian Barnes

Mi diario

10 DE AGOSTO DE 2023

Querida mamá:

Hoy, día de tu cumpleaños, luce un sol radiante, va a hacer mucho calor y se dibuja una luz maravillosa. Se nota que estás en el cielo, decorándolo con tus hilos, tus lápices y tu sonrisa. Vamos a comprarte una tarta, prepararemos una cena especial y brindaremos por ti. Lo seguiremos haciendo en esta fecha durante los años venideros.

Eres la dueña de todos los colores del mundo, de la ilusión y de los sueños. Siempre vivirás en mí, en cada uno de nosotros.
Nunca dejes de pintar, nunca dejes de sonreír. Eres infinita, eres eterna, mamá.

Comienzan a caer las lágrimas de San Lorenzo. Las Perseidas iluminarán el cielo en estas noches de verano, ahora sé que se trata de ti. Son tus velas de cumpleaños, las luces de tu amor que derramas sobre nosotros desde el firmamento.
Habrían sido 90.
Felicidades, mami.
Te quiero.
Siempre.

Mamá. Valencia, 2019

En memoria de todos los fallecidos, familiares, amigos y conocidos. También por ellos.

Este libro se comenzó a escribir en la oscuridad, cuando las estrellas se apagaron, a principios del año 2021 y se finalizó bajo los rayos del sol un 11 de agosto del 2023. Ocurrió a plena luz del día y esperando, en la noche, la lluvia de estrellas sobre la ciudad de Valencia.

Índice